Contabilidad. ADGD037PO

Manuel Abolacio Bosch

Alicia Jiménez García

ic editorial

Contabilidad. ADGD037PO
© Manuel Abolacio Bosch
© Alicia Jiménez García

1ª Edición

© IC Editorial, 2025

Editado por: IC Editorial
c/ Cueva de Viera, 2, Local 3
Centro Negocios CADI
29200 Antequera (Málaga)
Teléfono: 952 70 60 04
Fax: 952 84 55 03
Correo electrónico: iceditorial@iceditorial.com
Internet: www.iceditorial.com

ISBN: 978-84-1184-919-7
Depósito Legal: MA 1012-2025

Impresión: PODiPrint
Impreso en Andalucía – España

Nota de la editorial: IC Editorial pertenece a Innovación y Cualificación S. L.

Especialidad formativa

Se entiende por especialidad formativa la agrupación de contenidos, competencias profesionales y especificaciones técnicas que responde a un conjunto de actividades de trabajo enmarcadas en una fase del proceso de producción y con funciones afines.

Las especialidades formativas de Uso General, Formación Complementaria, Formación Modular y las especialidades formativas dirigidas a la obtención de certificados de profesionalidad se incluyen en el Fichero de Especialidades del Servicio Público de Empleo Estatal para su gestión en todo el territorio nacional por cualquier Administración competente.

Las especialidades complementarias, pertenecen todas a la Familia profesional de Formación Complementaria (FCO) y tienen la consideración de formación transversal en áreas que se consideran prioritarias tanto en el marco de la Estrategia Europea para el Empleo y del Sistema Nacional de Empleo como en las directrices establecidas por la Unión Europea. Se consideran áreas prioritarias las relativas a tecnologías de la información y la comunicación, la prevención de riesgos laborales, la sensibilización en medio ambiente, la promoción de la igualdad, la orientación profesional y aquellas otras que se establezcan por la Administración competente.

Las especialidades de Certificado de profesionalidad tienen una duración especificada en su normativa reguladora.

En el resultado de la búsqueda, se muestran las unidades de competencia, todos los módulos formativos con su duración y las unidades formativas del certificado correspondiente, con su duración. Las horas del certificado, exclusivo de las especialidades de certificado de profesionalidad, con alta igual o superior a 2008, son las horas totales más las horas del módulo de Prácticas Profesionales no Laborales.

- ◔ **Si la especialidad tiene unidades formativas,** las horas totales, presencial, distancia, teleformación serán igual a la suma de esas horas de las unidades formativas de los distintos módulos, sin que se repita ninguna Unidad formativa.

⮂ **Si la especialidad no tiene unidades formativas,** las horas totales, presencial, distancia, teleformación serán igual a las sumas de esas horas de los módulos formativos, eliminando las horas de los módulos repetidos.

https://sede.sepe.gob.es/especialidadesformativas/RXBuscadorEFRED/BusquedaEspecialidades.do

(Fuente: Servicio Público de Empleo Estatal)

Índice

El plan general de contabilidad

El ciclo contable

Los libros de contabilidad

Glosario

Bibliografía

OBJETIVOS GENERALES

Los objetivos generales del **ADGD037PO. Contabilidad,** son los siguientes:

- ⮑ Adquirir conocimientos referentes a los aspectos clave de la contabilidad, del Plan General de Contabilidad y del ciclo contable, así como adquirir las habilidades necesarias para realizar el Balance de situación y de las masas patrimoniales e interpretar el resultado del ejercicio.
- ⮑ Conocer las características principales de la contabilidad general aplicada en el ámbito empresarial.
- ⮑ Descubrir cuál es la composición del patrimonio de la empresa.
- ⮑ Entender los distintos aspectos relacionados con los hechos contables.
- ⮑ Saber registrar en contabilidad las operaciones realizadas en el ámbito empresarial.
- ⮑ Comprender las normas contables que incluye el Plan General de Contabilidad regulado por el Real Decreto 1514/2007.
- ⮑ Conocer el proceso contable que la empresa debe llevar en todo un periodo económico.
- ⮑ Comprender las características de los libros de contabilidad, tanto obligatorios como voluntarios.

Introducción a la contabilidad

Contenido

Objetivos

El objetivo general de esta Unidad de Aprendizaje es:

→ Conocer las características principales de la contabilidad general aplicada en el ámbito empresarial.

Los objetivos específicos de esta Unidad de Aprendizaje son:

→ Dominar el concepto de contabilidad de una forma global para saber definir qué es, qué requisitos debe cumplir y qué persigue.

→ Detectar las tareas que se incluyen en el proceso de llevanza de la contabilidad.

→ Identificar los elementos que ayudan a comprender el concepto de contabilidad.

1. Introducción

Si bien no en la misma forma en que hoy la conocemos, la contabilidad ha existido desde el origen de los tiempos. La necesidad de conocer las pertenencias y deudas era ya algo totalmente consolidado cuando el trueque era la principal forma de comercio.

El desarrollo industrial generó una mayor complejidad en las operaciones mercantiles, provocando un desarrollo de la contabilidad que las empresas realizaban para ir adaptándola a los nuevos tiempos y las nuevas prácticas. Hoy en día, la contabilidad sigue evolucionando en función de la forma de hacer negocios.

Por ello, comprender de forma global qué es la contabilidad es el primer paso que hay que dar para aplicarla de forma correcta en la organización.

Para realizar una primera aproximación al concepto, requisitos y objetivos del término contabilidad, nos basaremos en la gestión contable de la empresa Muebles Matís por parte de su nueva trabajadora, Laura.

2. Concepto de contabilidad

☞ HILO CONDUCTOR

Antonio, el gerente de Muebles Matís, S. L., ha contratado a Laura para que le ayude en la administración de la empresa. Una de las tareas que tendrá que realizar es gestionar la contabilidad. Como Antonio no tiene conocimientos de contabilidad, Laura le explica en qué consiste; así podrá ayudarla cuando lo necesite.

El concepto de **contabilidad** es muy amplio y existen diferentes definiciones sobre el mismo. De esta forma, la contabilidad se puede definir como:

| La contabilidad se puede definir como... | - ... la técnica que establece las normas y procedimientos para registrar, cuantificar, analizar e interpretar los hechos económicos que afectan al patrimonio de cualquier organización económica o empresa, proporcionando información útil, confiable, oportuna y veraz. |
| | - ... la ciencia social que se encarga de estudiar, medir, registrar y dejar constancia de forma sistemática y regulada de las transacciones realizadas por empresas y/o particulares y las variaciones de patrimonio que de estas se derivan, en el marco de las actividades económicas en que aquellos se emplazan, para obtener finalmente la base de información financiera necesaria destinada a la toma de decisiones empresariales. |

Como se deduce de sus definiciones, existen una serie de conceptos que, sin ellos, sería complicado entender **el porqué y el para qué de esta herramienta que es la contabilidad.** Entre ellos, están el concepto de **empresa** y el de **patrimonio.**

La **empresa** se puede definir como una unidad económica de producción que combina un conjunto de elementos humanos y materiales, ordenados y dirigidos en función de cierta relación de propiedad, con ánimo de alcanzar unos objetivos.

Atendiendo al concepto de contabilidad y de empresa, se observa que ambos términos están íntimamente relacionados, ya que la contabilidad proporciona información sobre el estado y la composición del patrimonio de la empresa.

Los registros contables mediante anotaciones manuales en los libros están actualmente en desuso en las empresas.

 **PARA SABER MÁS**

La Recomendación de la Comisión Europea 2003/361/CE regula una clasificación de los tipos de empresa en función de su tamaño. Accede al siguiente enlace de la norma para consultarla, ya que, dependiendo del tipo de empresa, la contabilidad es diferente:

https://redirectoronline.com/adgd037po0101

El **Patrimonio** se define como el conjunto de bienes, derechos y obligaciones que pertenecen a una organización empresarial. De este concepto se derivan dos términos muy utilizados en contabilidad, como son **Activo y Pasivo y Patrimonio neto.** En el primero se incluyen bienes y derechos, y en el segundo obligaciones con terceros (financiación ajena) y obligaciones propias (financiación propia).

En contabilidad, el patrimonio viene reflejado en el **inventario,** que se considera la relación detallada de la situación económica de la empresa en un periodo de tiempo concreto. La obtención de un correcto y detallado inventario es un punto de partida básico para la realización de una **contabilidad adecuada y fiable.** Es necesario que con cierta frecuencia se hagan inventarios sin realizar la valoración económica, a efectos de realizar determinadas comprobaciones, como por ejemplo ver el número de armarios que se tienen, el número de productos terminados listos para ser vendidos, etc.

 **NOTA**

El inventario lo forman la relación detallada (cualitativa) y valorada (cuantitativa) de los elementos que componen el patrimonio de una empresa.

Con la definición mostrada de los conceptos **empresa** y **patrimonio** ya se ha dado respuesta a las cuestiones que se planteaban al inicio del apartado.

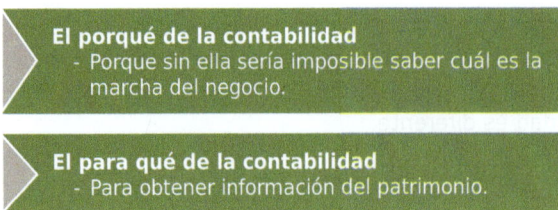

El porqué de la contabilidad
- Porque sin ella sería imposible saber cuál es la marcha del negocio.

El para qué de la contabilidad
- Para obtener información del patrimonio.

NOTA

El principal organismo contable en nuestro país es el Instituto de Contabilidad y Auditoría de Cuentas (ICAC), que tiene entre sus funciones la resolución de consultas sobre la correcta interpretación de la normativa contable española.

La mayoría de las empresas llevan la denominada contabilidad financiera o también llamada contabilidad general. Esta será la que se tratará a lo largo del curso.

ACTIVIDAD COMPLEMENTARIA

1. En esta actividad deberás analizar el siguiente texto. ¿Consideras que por parte del ganadero se está llevando la contabilidad del negocio? Razona tu respuesta.

   Un consultor contable, realizando sus tareas ordinarias, se desplazó a un pequeño pueblo en el que, encontrándose perdido, entabló conversación con un ganadero de la zona. Mientras le preguntaba cómo llegar a su destino, aprovechó la circunstancia para saber cómo gestionaba su actividad. Ante la cara de asombro del consultor, el ganadero sacó una libreta que él usaba y se la mostró. En ella tenía información perfectamente organizada de sus quehaceres diarios:

Continúa en página siguiente >>

[14]

<< Viene de página anterior

- En la primera página anotaba las compras de los alimentos para sus animales, registrando a quién se las compraba y si estaban pagadas o lo tendría que hacer en una fecha futura.
- En la segunda, tenía ordenados por fecha los pedidos que le habían hecho mercados, amigos y empresas de los productos que obtenía de sus animales y si ya los había cobrado o no.
- En la tercera constaban los animales de los que disponía, si se encontraban en mejor o peor estado, diferenciando si los tenía para la obtención de productos o para la venta del propio animal una vez tuviese el tamaño adecuado.
- En la última hoja y de una forma diferenciada, anotaba las cantidades que iba cobrando y pagando, sabiendo en cada momento el dinero de que disponía.

3. Requisitos de la contabilidad general

☞ HILO CONDUCTOR

La contabilidad financiera que Laura va a llevar en la empresa debe cumplir con una serie de requisitos regulados, entre otras normas, por el Plan General de Contabilidad para Pequeñas y Medianas Empresas. Muebles Matís, por su tamaño, está considerada una pyme, de ahí la normativa contable de referencia.

En nuestro país la contabilidad se rige por una serie de normas que se encuentran recogidas en la legislación mercantil y contable, es decir, en el Código de Comercio y en los Planes de Contabilidad (General y de Pymes).

El **Código de Comercio** dedica el Título III de su Libro Primero a la contabilidad de los empresarios y establece que estos deben llevar una contabilidad que reúna los siguientes requisitos generales:

> Estar ordenada

Continúa en página siguiente >>

<< Viene de página anterior

> Ser adecuada a la actividad de la empresa

> Permitir un seguimiento cronológico de las operaciones realizadas

> Posibilitar la creación periódica de balances e inventarios

 SABÍAS QUE...

El Código de Comercio es una de las normas legales más antiguas de nuestra legislación y aún continúa vigente en el Real Decreto de 22 de agosto de 1885.

En España existe un plan de contabilidad para la gran empresa y otro para la pyme, contando cada uno con su propia norma legal; además de determinadas adaptaciones sectoriales de entidades especiales como constructoras, entidades sin fines lucrativos, sociedades cooperativas, etc.:

- **Plan General de Contabilidad:** Real Decreto 1514/2007, de 16 de noviembre.
- **Plan General de Contabilidad de Pequeñas y Medianas Empresas:** Real Decreto 1515/2007, de 16 de noviembre.

Aunque ambos planes están estructurados de igual forma, presentan diferencias en cuanto a las normas de registro y valoración que se deben aplicar; los modelos de las cuentas anuales que la empresa ha de presentar; el cuadro de cuentas necesario para los registros contables, y las definiciones y relaciones contables utilizadas como ayuda.

 APLICACIÓN PRÁCTICA

Juan le pregunta a su amigo José si conoce cuál es la normativa de referencia para consultar las dudas que le surjan en la llevanza de la contabilidad de la empresa que le acaba de contratar. ¿Cuál será su respuesta?

Continúa en página siguiente >>

<< Viene de página anterior

Solución

Las características de la contabilidad en nuestro país están recogidas en el Real Decreto 1514/2007, de 16 de noviembre, por el que se aprueba el Plan General de Contabilidad; en el Real Decreto 1515/2007, de 16 de noviembre, por el que se aprueba el Plan General de Contabilidad de Pymes; en el Real Decreto, de 22 de agosto de 1885, por el que se publica el Código de Comercio, y en los distintos planes sectoriales de determinadas entidades que poseen características especiales (constructoras, entidades sin fines lucrativos, cooperativas, federaciones deportivas, etc.).

Estos planes contables incluyen una serie de requisitos comunes relacionados con las características de la **información que contiene la contabilidad** de la empresa. Por ello, la información debe ser:

- **Comparable:** la información debe hacer posible la comparación de la situación y rentabilidad entre empresas, así como entre transacciones y hechos económicos producidos.
- **Clara:** la información que suministren las cuentas anuales que forman parte de la contabilidad debe ser clara y adecuada (en cantidad y forma) para contar con datos que ayuden en la toma de decisiones en la empresa.
- **Relevante:** la información debe servir para la toma de decisiones económicas en la empresa. Concretamente, las cuentas anuales cumplen con este requisito cuando muestran los riesgos existentes.
- **Fiable:** los datos que se incluyen en contabilidad deben reflejar la imagen fiel de la empresa, sin errores y con carácter neutral. Además, debe estar libre de desviaciones.
- **Íntegra:** esta cualidad se consigue si la información financiera incluye todos los datos necesarios para la toma de decisiones, sin que exista falta de información relevante.

 SABÍAS QUE...

La información que suministra la contabilidad sirve para la toma de decisiones en el seno de la empresa.

----

4. Objetivos de la contabilidad general

☞ **HILO CONDUCTOR**

El gerente de la empresa Muebles Matís ya conoce un poco más sobre las características de la contabilidad, pero todavía no consigue tener claro qué es lo que se persigue con ella. Laura le explica cuáles son los objetivos de esta herramienta y ahora entiende su gran utilidad en la toma de decisiones económicas y financieras.

- -

La contabilidad, como herramienta de gestión empresarial, persigue una serie de objetivos. Estos no son excluyentes entre sí, sino que se complementan para lograr alcanzar el fin principal, **suministrar información** sobre el patrimonio de la empresa y sobre la marcha del negocio, para que sea útil en la toma de decisiones organizacionales.

Estos objetivos son:

- Registrar todas las operaciones empresariales
- Lograr el control financiero
- Evaluar la entidad en su conjunto

El proceso que se debe seguir en contabilidad para lograr el objetivo principal es:

Análisis y registro de la información

Clasificación

Valoración y cuantificación de los datos

Resumen

Comunicación a los agentes interesados

Interpretación de la información por los agentes

TAREA 1

En un curso de formación contable, el tutor ha recibido las siguientes consultas sobre la primera unidad relacionada con aspectos básicos de la contabilidad:

a. ¿Qué es la contabilidad?
b. ¿Debe cumplir algún requisito?
c. ¿Qué finalidad persigue?

Responde a las cuestiones planteadas razonando tus respuestas.

- -

5. Resumen

La contabilidad se puede considerar una **técnica o una ciencia social** y sus definiciones en ambos sentidos son:

- ➲ **Como técnica:** incluye las normas y procedimientos para tratar los hechos económicos que afectan al patrimonio de la empresa, suministrando información útil, confiable, oportuna y veraz.
- ➲ **Como ciencia social:** se encarga de estudiar, medir y registrar las transacciones realizadas por la empresa y las correspondientes variaciones de patrimonio para suministrar información útil en la toma de decisiones.

Para comprender mejor el concepto de contabilidad es necesario conocer lo que se entiende por **empresa** y por **patrimonio.** Contabilidad y empresa están íntimamente relacionadas, ya que la primera proporciona información sobre el patrimonio de la segunda. Por su parte, el término patrimonio engloba los bienes, derechos y obligaciones que pertenecen a la organización empresarial.

Los **requisitos** que debe cumplir la contabilidad están regulados en el **Código de Comercio** y en los **Planes de Contabilidad.** Los primeros son requisitos generales y los que están recogidos en los planes son requisitos relacionados con la información incluida. Estos son:

Código de Comercio	Planes de Contabilidad
- Estar ordenada. - Ser adecuada a la actividad. - Permitir un seguimiento cronológico de las operaciones realizadas. - Posibilitar la elaboración de balances e inventarios.	- Relevante - Fiable - Íntegra - Comparable - Clara

Existe un plan de contabilidad para la gran empresa (R. D. 1514/2007) y otro para la pyme (R. D. 1515/2007), además de los planes sectoriales de determinadas actividades empresariales.

El **objetivo principal de la contabilidad es el suministro de información** sobre el patrimonio de la empresa para que esta sea útil en la toma de decisiones. Para alcanzar este objetivo la contabilidad también debe perseguir lo siguiente:

1. Registro de todas las operaciones
2. Control financiero
3. Evaluación de la entidad

El proceso de contabilidad incluye el análisis y registro de la información, su clasificación, su valoración y cuantificación, el resumen, la comunicación a los agentes interesados y la interpretación de la información.

Ejercicios de autoevaluación
Unidad de Aprendizaje 1

1. Indica si las siguientes afirmaciones son verdaderas o falsas:

a. La contabilidad se puede considerar como una herramienta, una técnica o una ciencia social.

- ■ Verdadero
- ■ Falso

b. La empresa se define como la unidad económica de producción que combina elementos humanos y materiales para alcanzar unos objetivos.

- ■ Verdadero
- ■ Falso

c. El concepto de contabilidad hace referencia a las normas y procedimientos para registrar, cuantificar, analizar e interpretar los hechos económicos que afectan al patrimonio de la empresa.

- ■ Verdadero
- ■ Falso

2. ¿Cuáles de los siguientes conceptos ayudan a entender el porqué y el para qué de la contabilidad?

a. Patrimonio
b. Empresa
c. Transferencia
d. Neto

3. El pasivo se corresponde con las obligaciones de la empresa y el activo con...

a. ... las obligaciones.
b. ... los fondos propios.
c. ... los derechos.
d. ... los bienes.

4. Determina si la siguiente afirmación es verdadera o falsa: "La contabilidad financiera también se denomina contabilidad interna".

- ■ Verdadero
- ■ Falso

5. ¿A qué hace referencia la relación detallada de la situación económica de la empresa en un periodo de tiempo concreto?

a. Contabilidad general.
b. Análisis contable.
c. Inventario.
d. Patrimonio.

6. ¿Cuál de las siguientes opciones no es uno de los requisitos que debe cumplir la contabilidad?

a. Los datos que la componen deben ser claros, fiables y relevantes, además de estar libres de errores.
b. Debe ser adecuada a la actividad de la empresa.
c. Su proceso debe estar ajustado a las normas contables del Código Civil.
d. Es necesario que esté ordenada.

7. ¿Qué normativas regulan el Plan General de Contabilidad y el Plan General de Contabilidad de Pymes? Selecciona todas las opciones correctas.

a. Real Decreto 1514/2007.
b. Real Decreto 1159/2010.
c. Real Decreto 602/2016.
d. Real Decreto 1515/2007.

8. Para lograr el objetivo principal de la contabilidad, esta debe seguir un proceso. ¿Cuál es su primer paso?

a. Clasificación de la información.
b. Análisis y registro de los datos.
c. Valoración y cuantificación.
d. Resumen.

El patrimonio de la empresa

Contenido

Objetivos

El objetivo general de esta Unidad de Aprendizaje es:

→ Descubrir cuál es la composición del patrimonio de la empresa.

Los objetivos específicos de esta Unidad de Aprendizaje son:

→ Explicar el concepto de patrimonio.

→ Identificar los bienes, derechos y obligaciones en el patrimonio empresarial.

→ Agrupar los elementos en las masas patrimoniales correspondientes.

1. Introducción

Conocidos los conceptos básicos de la contabilidad y entendiendo que la empresa es su usuaria principal, se debe ir un paso más allá y conseguir desglosar su composición, analizando los distintos elementos que la forman, así como la clasificación que desde un punto de vista contable se hace de ellos.

Esto permite establecer grupos con características comunes, que son tratados según unos determinados principios y que, debidamente ordenados, muestran la situación en la que una empresa se encuentra. Así, se va introduciendo en el patrimonio de la empresa, clasificándolo en sus principales grupos o masas patrimoniales y viendo cómo estas se relacionan.

Hay que tener presente que el estudio y análisis del patrimonio es uno de los principales objetos de la contabilidad.

Para realizar un análisis del patrimonio nos basaremos en el trabajo que Laura, como contable de la empresa Muebles Matís, realiza para conocer la composición del patrimonio empresarial.

2. Concepto de patrimonio

☞ **HILO CONDUCTOR**

El gerente de Matís tiene una primera idea de lo que entiende como patrimonio de la empresa: cree que es "lo que tiene". Laura le explica que el término es mucho más amplio desde el punto de vista contable. Le hace partícipe de la valoración que ella debe hacer del patrimonio de la empresa, para iniciar el ciclo contable.

- -

Generalmente, la palabra **patrimonio** se asimila a propiedades o artículos reales y tangibles de los que se dispone. Podría buscarse en un diccionario su definición y este diría que es el "conjunto de los bienes propios adquiridos por cualquier título".

Pero no sería esta la única acepción, ya que **el concepto de patrimonio es especialmente complejo,** abarcando desde una consideración estrictamente jurídica, pasando por la contable o económica, hasta llegar a conceptos calificados como patrimonio cultural, patrimonio de la humanidad, patrimonio colectivo, corporativo, etc. Asimismo, no es fácil desligarlo de términos más abstractos como la capacidad patrimonial, que es la legítima posibilidad que tiene un sujeto de adquirir derechos y obligaciones de carácter patrimonial.

El dinero es el reflejo material de la evaluación monetaria.

 SABÍAS QUE...

La palabra patrimonio viene del latín *patri* (padre) y *onium* (recibido), significando lo recibido por línea paterna, es decir, por ejemplo, las herencias.

Los elementos básicos que forman parte del concepto de patrimonio son los **bienes y derechos,** por un lado, y las **deudas u obligaciones,** por otro. A efectos de su valoración, se puede establecer que el patrimonio de la empresa tiene una **parte positiva** y otra **negativa,** quedando de la siguiente manera:

- ◗ **Parte positiva:** está formada por los bienes (elementos materiales o tangibles) y derechos (elementos inmateriales o intangibles derivados de relaciones jurídicas de uso, posesión, propiedad).
- ◗ **Parte negativa:** la componen las obligaciones inmateriales o intangibles.

 DEFINICIÓN

Patrimonio

Desde un punto de vista contable, es el conjunto de bienes, derechos y obligaciones que, bajo la titularidad de la empresa de una persona física o jurídica, están afectos a su actividad económica, a un fin concreto y son susceptibles de valoración económica.

👁 EJEMPLO

Ángela es propietaria de una fábrica envasadora de miel natural ubicada en dos naves industriales conectadas entre sí. Además, existe una pequeña edificación donde se encuentra la oficina completamente amueblada y equipada de equipos informáticos para la gestión administrativa y comercial. Cuenta con una flota de 8 furgonetas con la que realiza el reparto de sus productos a la cartera de clientes compuesta por todos los restaurantes y los comercios de alimentación de su provincia. Su almacén tiene capacidad para albergar hasta 100 toneladas de producto. Sus proveedores son, en su mayoría, los apicultores de la zona y los que le suministran los envases y las etiquetas, con los cuales tiene una deuda pendiente de 100.000 €. También está endeudada con el banco por el préstamo que solicitó para crear su fábrica.

Si se desglosa el patrimonio de Ángela, se observa que está compuesto por una parte positiva y otra negativa. Así:

a. Parte positiva. Como elementos materiales tiene dos naves industriales; el edificio de la oficina, su mobiliario y equipos informáticos; ocho furgonetas; cien toneladas de mercancías. Como derechos dispone de una amplia cartera de clientes compuesta por restaurantes y comercios de alimentación con los que tendrá derechos de cobro.
b. Parte negativa. Como obligaciones existe la deuda pendiente con los proveedores por valor de 100.000 € y el préstamo del banco.

La diferencia entre la suma de la parte positiva (bienes y derechos) y la parte negativa (obligaciones) dará el **valor del patrimonio neto de la empresa,** es decir, lo que realmente queda o lo que realmente se llevarían los empresarios si en ese preciso momento decidieran cerrar el negocio.

PATRIMONIO NETO = BIENES + DERECHOS − OBLIGACIONES

Es importarte destacar que no se debe confundir el patrimonio de la empresa con el patrimonio del empresario, aunque existen formas jurídicas de sociedades para las que el patrimonio personal del empresario responde subsidiariamente ante las deudas con terceros. En estos casos se le conoce como patrimonio de garantía.

NOTA

También existen sociedades en que la responsabilidad de la empresa está limitada al patrimonio empresarial, sin afectar a las propiedades personales del empresario, como en las sociedades anónimas o limitadas, como ejemplos más conocidos.

APLICACIÓN PRÁCTICA

En clase de Contabilidad, el profesor le pide a un alumno que analice los elementos que ha escrito en la pizarra y los agrupe según sean bienes, derechos u obligaciones. ¿Qué resultado obtendrá?

- **Pagarés pendientes de pago a un proveedor**
- **Cheques pendientes de cobro de un cliente**
- **Impresora**
- **Crédito del banco**
- **Mercancía pendiente de recibir**
- **Almacén**

Solución

Los bienes son una de las partes positivas del patrimonio y están formados por elementos materiales o tangibles como edificios, mobiliario, vehículos, etc. Los derechos son la otra parte positiva del patrimonio y lo forman elementos intan-

Continúa en página siguiente >>

<< Viene de página anterior

gibles derivados de las relaciones con terceras personas con saldo a favor de la empresa, tales como deudas de clientes, mercancías pendientes de recibir, etc. Las obligaciones son la parte negativa del patrimonio de la empresa y en ellas se incluye la financiación con el banco (préstamos, créditos, etc.) o deudas pendientes con proveedores.

 TAREA 2

Como consecuencia de la crisis económica, Ana ha decidido cerrar su negocio. Su gestor le ha indicado que lo primero que debe hacer es cuantificar su patrimonio empresarial. Sin embargo, ella no sabe a lo que se está refiriendo y el gestor se lo quiere explicar lo más detallado posible.

Escribe una definición de patrimonio lo más completa posible para que Ana entienda lo que debe hacer.

2.1. Masas patrimoniales

Se entiende como **elemento patrimonial** a cada una de las partes, autónoma e indivisible, en las que se divide el patrimonio de una empresa. A la hora de representar el patrimonio empresarial, los elementos patrimoniales de iguales características se agrupan en unidades más complejas (las cuentas contables), que, a su vez, se adscriben a conjuntos homogéneos, que son las **masas patrimoniales.** Estas se definen como las agrupaciones de elementos patrimoniales homogéneos y organizados que tienen la misma funcionalidad económica y financiera. Las grandes masas patrimoniales son:

Activo
- Está integrado por los elementos que constituyen los medios económicos de producción de la empresa y sus inversiones.
- Concretamente está formado por los medios materiales necesarios para la realización de la actividad económica, representados en los bienes y derechos que posee la empresa.

Continúa en página siguiente >>

<< Viene de página anterior

> **Pasivo y Patrimonio neto**
> - El Pasivo está integrado por los elementos que constituyen las fuentes de financiación ajena, necesarios para la obtención del activo.
> - El Patrimonio neto está integrado por los elementos que constituyen las fuentes de financiación propia.

 EJEMPLO

Elementos patrimoniales de Activo (que posee o entran en la empresa) pueden ser mercancías destinadas a la venta, edificios que se posea, derechos de cobro a favor, dinero en las cuentas bancarias, etc.

Como **elementos patrimoniales de Pasivo** (que debe o salen de la empresa) pueden citarse un préstamo que hizo al banco y que se debe devolver, pagos pendientes que se tengan que realizar a proveedores, pagos pendientes a los proveedores de inmovilizado (locales, maquinaria), etc.

Elementos de Patrimonio neto pueden ser los pagos pendientes a realizar a los accionistas de la empresa.

Atendiendo a las masas patrimoniales, la **fórmula** considerada como la ecuación fundamental de la contabilidad es:

$$ACTIVO = PASIVO + PATRIMONIO\ NETO$$

Un ejemplo gráfico de la composición de las masas patrimoniales puede ser el siguiente:

ACTIVO		PATRIMONIO NETO	
Bienes		**Obligaciones con los propietarios**	
Cuentas	**Elem. patrimoniales**	**Cuentas**	**Elem. patrimoniales**
Bancos	Cuenta en euros Cuentas en dólares Etc.	Capital	Dinero aportado por socios Bienes aport. por socios Etc.

Continúa en página siguiente >>

<< Viene de página anterior

ACTIVO			PATRIMONIO NETO	
Existencias	Existencias del tipo 1 Existencias del tipo 2 Etc.		Dividendos	Dividendos a pagar a accionista 1 Dividendos a pagar a accionista 2 Etc.
Etc.			Etc.	
Derechos			**PASIVO. Obligaciones con terceros**	
Cuentas	**Elem. patrimoniales**		**Cuentas**	**Elem. patrimoniales**
Clientes	Deuda del cliente 1 Deuda del cliente 2 Etc.		Proveedores	Deuda con proveedor 1 Deuda con proveedor 2 Etc.
Anticipos	Anticipos proveedor 1 Anticipos proveedor 2 Etc.		Anticipos	Anticipos del cliente 1 Anticipos del cliente 2 Etc.
Etc.			Etc.	

RECUERDA

Existe una relación entre el inventario y las masas patrimoniales, ya que este se considera como la relación detallada (aspecto cualitativo) y valorada (aspecto cuantitativo) de los elementos que componen el patrimonio de una empresa.

- -

TAREA 3

Un empleado de banca está estudiando la posibilidad de conceder un préstamo a dos de sus clientes que se lo han solicitado.

De José sabe que tiene en la cuenta bancaria 10.000 €, que los va a usar como pago en concepto de anticipo de un coche recién adquirido por 18.000 €, con el que sustituirá su actual coche, que se lo valoran en 3.000 €. Además, tiene una

Continúa en página siguiente >>

<< Viene de página anterior

casa valorada en 180.000 €, sobre la que tiene una hipoteca pendiente de pago de 110.000 €, y un vecino suyo le debe 2.000 € que él le prestó un tiempo atrás.

De Pedro sabe que tiene 800 € en su cuenta corriente y una casa valorada en 90.000 €, de los que le quedan 15.000 € por pagar, y una motocicleta con un valor de 600 €.

A la hora de tomar la decisión de a quién conceder el préstamo, el empleado de banca debe analizar la situación patrimonial de cada uno de sus clientes. Es decir, tendrá que analizar qué bienes, derechos y obligaciones tiene cada uno, para así poder determinar cuál de ellos tiene un Patrimonio neto mayor.

Una vez realizado el análisis, ¿cuál de los dos clientes sería la mejor opción para conceder el préstamo?

---

3. Activo

☞ HILO CONDUCTOR

Laura, en primer lugar, va a cuantificar la estructura económica de la empresa. Para ello, identifica las propiedades (edificios, mobiliario, equipos informáticos, maquinarias, vehículos, etc.), valora la tesorería y los productos almacenados listos para la venta, conoce las deudas pendientes de cobro de sus clientes, etc. De esta forma, obtiene el importe inicial del Activo de la empresa.

El Plan General de Contabilidad define el **Activo** como "los bienes, derechos y otros recursos controlados económicamente por la empresa, resultantes de sucesos pasados, de los que se espera que la empresa obtenga beneficios o rendimientos económicos en el futuro".

El Activo recoge todo aquello cuanto la empresa posee, ya sean bienes tangibles (dinero, edificios) o intangibles (derechos de cobro o de cualquier otro tipo), y que serán empleados en la actividad económica en busca de la obtención de beneficios futuros.

El Activo y el Pasivo están relacionados desde el punto de vista contable.

 **IMPORTANTE**

El Activo se ordena según criterios de liquidez, de menor a mayor liquidez.

El Activo se clasifica en dos grandes grupos: Activo corriente y Activo no corriente. Esta clasificación se basa en la posibilidad de disponer o hacer realizables unos derechos dentro de un horizonte temporal, que puede ser a corto plazo (inferior o igual al año) o a largo plazo (más de un año). Por tanto, se consideran **activos corrientes** los siguientes:

⮞ Aquellos que están vinculados al ciclo normal de explotación de la empresa y que esta espera vender, consumir o realizar en el transcurso del mismo. Con carácter general, este ciclo no excederá de un año.
⮞ Aquellos que, sin estar vinculados al ciclo normal de explotación de la empresa, se espera que su vencimiento, enajenación o realización se produzca en el plazo máximo de un año.
⮞ El efectivo y otros activos líquidos equivalentes que no tengan utilización restringida al menos en un año para ser usados.

Todos los activos que no cumplan estos requisitos se agruparán como **activos no corrientes**.

 **DEFINICIÓN**

Ciclo normal de explotación

Periodo de tiempo que transcurre entre la adquisición de los activos que se incorporan al proceso productivo y la realización de los productos en forma de efectivo o equivalentes al efectivo. Cuando el ciclo normal de explotación no resulte claramente identificable, se asumirá que es de un año.

- -

Se puede profundizar aún más y ver algunos de los conceptos que se incluyen en cada una de esas subdivisiones del Activo:

⊃ **Activo corriente**

◡ **Activos no corrientes mantenidos para la venta:** aquellos activos no corrientes cuyo valor contable se recupera fundamentalmente a través de la venta en lugar de por su uso continuado.

◡ **Existencias:** bienes poseídos por una empresa para su venta en el curso ordinario de la explotación o bien para su transformación o incorporación al proceso productivo (materias primas, productos terminados, productos en curso, etc.).

◡ **Deudores comerciales y otras cuentas a cobrar:** créditos que la empresa posee con los distintos agentes económicos (clientes, deudores, personal, administraciones públicas, etc.).

◡ **Inversiones financieras temporales o a corto plazo:** inversiones que realiza la empresa con la idea de mantenerlas por un periodo inferior a un año (obligaciones y bonos a corto plazo, participaciones en otras empresas a corto plazo, etc.).

◡ **Tesorería:** dinero efectivo de que dispone la empresa (bancos, caja, etc.).

⊃ **Activo no corriente**

◡ **Inmovilizado intangible:** conjunto de bienes intangibles y derechos susceptibles de valoración económica, que cumplen además las características de permanencia en el tiempo (concesiones, licencias, marcas, etc.).

◡ **Inmovilizado material:** conjunto de elementos patrimoniales tangibles que se utilizan de manera continuada en la producción de bienes y servicios y que no están destinados a la venta (instalaciones, mobiliario, equipos informáticos, maquinaria, etc.).

ϑ **Inversiones inmobiliarias:** activos no corrientes que sean inmuebles y que se posean para obtener rentas, plusvalías o ambas (edificios, terrenos, etc.).

ϑ **Inversiones financieras a largo plazo:** inversiones que realiza la empresa con la idea de mantenerlas en el tiempo (al menos por un periodo superior al año).

NOTA

Parece raro que un Activo no corriente se clasifique dentro de los activos corrientes, pero esto se debe a que, en ocasiones, un Activo de naturaleza no corriente se decide poner a la venta y, al esperar que esta se realice en un periodo inferior al año, tendría la consideración de corriente.

---

4. Pasivo

☞ HILO CONDUCTOR

Una vez cuantificada la estructura económica, ahora le toca el turno a la financiera. En este caso, Laura va a necesitar la ayuda del gerente, ya que este conoce a la perfección las deudas que la empresa tiene por el momento, entre otros conceptos. Con esta valoración se concluye el análisis del Pasivo de Muebles Matís.

El Plan General de Contabilidad define el **Pasivo** como las "obligaciones actuales surgidas como consecuencia de sucesos pasados, para cuya extinción la empresa espera desprenderse de recursos que puedan producir beneficios o rendimientos económicos en el futuro. A estos efectos, se entienden incluidas las provisiones".

El Pasivo recoge las deudas que tiene la empresa con terceros tales como acreedores, proveedores, bancos, administraciones públicas, etc.

Una vez conceptualizado el Pasivo, es necesario conocer su estructura. A continuación se muestra su composición.

 ACTIVIDAD COMPLEMENTARIA

2. ¿Cómo se puede relacionar el inventario con las masas patrimoniales Activo y Pasivo? Realiza un esquema para mostrar la relación.

Tradicionalmente, el Pasivo se ha venido organizando en función del **criterio de exigibilidad** (de menor a mayor exigibilidad) de los elementos patrimoniales que lo integran, es decir, atendiendo al horizonte temporal en que las obligaciones deben ser atendidas, teniendo así:

⮞ **Pasivo corriente:** comprende, por normal general, las obligaciones cuyo vencimiento o extinción no excedan del ciclo normal de explotación de la empresa o del plazo máximo de un año contado desde el cierre del ejercicio anterior. Algunos de los elementos que forman este grupo son:

○ **Provisiones a corto plazo:** estimaciones de pagos futuros, que habrán de hacerse efectivos en un periodo inferior al año (provisión para reestructuraciones, para actuaciones medioambientales, etc.).

○ **Deudas a corto plazo:** obligaciones de pago en un periodo inferior al año (con entidades de crédito, acreedores, proveedores, personal, etc.).

⮕ **Pasivo no corriente:** comprende cualquier otro pasivo no incluido en el grupo anterior. Entre otros elementos que lo forman están:

◍ **Provisiones a largo plazo:** estimaciones de pagos futuros, que habrán de hacerse efectivos en un periodo superior al año (provisión para reestructuraciones, para actuaciones medioambientales, etc.).
◍ **Deudas a largo plazo:** obligaciones de pago en un periodo superior al año (con entidades de crédito, acreedores, proveedores, etc.).

NOTA

Las distintas provisiones que están incluidas en el Pasivo se encuentran claramente definidas en el Plan General de Contabilidad.

La clasificación de los distintos elementos patrimoniales en masas patrimoniales y subdivisiones aún más precisas, agrupándolos según su naturaleza y comportamiento homogéneo económico y financiero, consigue ofrecer una imagen clara y fácilmente entendible para el estudio del estado en el que se encuentra una empresa en un momento determinado. Esto permite establecer las relaciones existentes entre los activos y pasivos corrientes y no corrientes y, así, obtener conclusiones propias.

EJEMPLO

Imagínate una compañía en la que su Pasivo corriente supera ampliamente a su Activo corriente. Esto estaría diciendo que se tienen deudas que atender en menos de un año y que los bienes o derechos realizables en ese periodo no serán suficientes para atender esas obligaciones. Se tendría que estudiar en detalle la situación para entender qué está pasando y cómo afrontar esa situación.

En una primera aproximación al análisis de una empresa, es importante estudiar la relación existente entre el Activo y el Pasivo corrientes. Así, se define el **Capital corriente** como la diferencia existente entre el Activo corriente y el Pasivo corriente. Este concepto dice qué parte de los activos corrientes (medios productivos necesarios en el ciclo de producción inmediato de la empresa) están financiados con Pasivo no corriente, dando así una idea de la solvencia de la empresa.

 ACTIVIDAD COMPLEMENTARIA

3. Ponte en el lugar del responsable del departamento contable de una empresa. Una vez cerrado el periodo contable correspondiente, se reúne con el director financiero para comentar la situación que hay. Procesada toda la información, se obtiene el siguiente resultado:

	ACTIVO	Saldo	PASIVO Y PATR. NETO	Saldo
No corriente	Maquinaria Equip. inform.	3.000 900	Capital Resultados Acreedores L/P	3.000 550 150
Corriente	Clientes Bancos	800 1.500	Acreedores C/P	2.500
TOTAL		6.200		6.200

¿Cuál es el Capital corriente? ¿Qué interpretación tiene el resultado obtenido?

5. Patrimonio neto o Neto patrimonial

 HILO CONDUCTOR

La empresa se creó inicialmente con la aportación realizada por su gerente, Antonio. El Patrimonio neto, por tanto, solo lo constituye por el momento esta contribución. Como el negocio funciona bien, Laura ha aconsejado a Antonio que amplíe capital, de esta forma su Patrimonio neto se verá aumentado.

El Plan General de Contabilidad define el **Patrimonio neto** como "la parte residual de los activos de la empresa, una vez deducidos todos sus pasivos e incluye las aportaciones realizadas, ya sea en el momento de su constitución o en otros posteriores, por sus socios o propietarios, que no tengan la consideración de pasivos, así como los resultados acumulados u otras variaciones que le afecten".

El Patrimonio neto recoge las deudas que la empresa tiene con sus propietarios.

Los principales **elementos** que componen el Patrimonio neto de una empresa son los siguientes:

- **Fondos propios:** bajo este epígrafe se engloban todas aquellas partidas que están a favor de los socios de la empresa. Concretamente están formados por el capital y los beneficios no distribuidos por la empresa, y los que están incluidos dentro de alguna cuenta de reserva.
- **Ajustes por cambios de valor:** cuando se producen ajustes en la valoración de activos y pasivos, que pueden suponer un incremento o decremento del Patrimonio neto.
- **Subvenciones, donaciones y legados:** incluye las subvenciones oficiales de capital concedidas por las administraciones públicas para hacer frente a los activos no corrientes de la empresa; y las donaciones y legados de capital concedidos por empresas o particulares para el establecimiento de la estructura fija de la empresa. Tanto las subvenciones como las donaciones y legados no deben ser reintegrables y deben estar valoradas según las normas de registro y valoración establecidas.

PARA SABER MÁS

Al calcular el Patrimonio neto de una empresa se puede conocer su valor en un momento determinado. Accede a la siguiente noticia en la que se explica cómo realizar su cálculo:

https://redirectoronline.com/adgd037po0201

 **APLICACIÓN PRÁCTICA**

Raúl necesita clasificar el siguiente grupo de elementos según sean de Activo, Pasivo o Patrimonio neto. ¿Cuál será el resultado de esa clasificación?

- **Préstamos**
- **Capital**
- **Deudas de clientes**
- **Deudas con proveedores**
- **Bancos**
- **Existencias**
- **Resultado de la empresa**

Solución

El Activo está formado por los bienes y derechos que, en esta ocasión, se corresponden con el saldo existente en el banco, las existencias de mercaderías y las deudas pendientes de cobro de los clientes. El Pasivo está constituido por las obligaciones materializadas en los préstamos solicitados a las entidades bancarias y las deudas pendientes de pago a los proveedores. Por último, el Patrimonio neto, formado por los fondos propios, incluye el capital aportado y el resultado obtenido por la empresa.

TAREA 4

El día 1 de enero Ángel Ramírez presenta el siguiente inventario de su patrimonio empresarial:

- Dinero en efectivo: 601,01 €.
- Debe a sus proveedores: 2.103,54 €.
- Géneros para la venta: 2.404,05 €.
- Debe a Hacienda: 450,76 €.
- Sus clientes le deben: 901,52 €.
- Muebles: 1.803,04 €.
- Local: 6.010,12 €.
- Capital: 5.165,44 €.
- Beneficios no distribuidos: 4.000 €.

En función de estos datos, clasifica cada elemento según sea de Activo, Pasivo o Patrimonio neto y comprueba que existe igualdad aplicando la ecuación fundamental de la contabilidad.

6. Resumen

El concepto de **patrimonio** es complejo. Se puede definir como el conjunto de bienes, derechos y obligaciones que, bajo la titularidad de la empresa de una persona física o jurídica, están afectos a su actividad económica, a un fin concreto y son susceptibles de valoración económica. La parte positiva son los bienes y derechos y la negativa, las obligaciones. Para calcular el Patrimonio neto, a la suma de los bienes y derechos se le restan las obligaciones.

El patrimonio de la empresa se divide en partes autónomas e indivisibles denominadas **elementos patrimoniales.** Estos se agrupan por igualdad de características, por un lado en **Activo,** y por otro, en **Patrimonio neto** y en **Pasivo.** A estos conjuntos homogéneos se les denomina **masas patrimoniales** y están compuestos por:

- ⊃ **Activo:** medios económicos de producción de la empresa e inversiones.
- ⊃ **Pasivo:** fuentes de financiación ajena.
- ⊃ **Patrimonio neto:** fuentes de financiación propia.

La ecuación fundamental de la contabilidad establece que el Activo es igual al Pasivo más el Patrimonio neto.

El **Activo** se define como "los bienes, derechos y otros recursos controlados económicamente por la empresa, resultantes de sucesos pasados, de los que se espera que la empresa obtenga beneficios o rendimientos económicos en el futuro". Los **activos corrientes** son aquellos que están vinculados al ciclo normal de explotación de la empresa; aquellos que sin tener vinculación se espera que su materialización sea en el plazo máximo de un año, y el efectivo y otros activos líquidos. Los **activos no corrientes** son todos los que no son corrientes. Los elementos que componen el Activo son:

ACTIVO
(Medios económicos o Inversión / Empleos en bienes y derechos)

Activo no corriente
- Inmovilizado intangible.
- Inmovilizado material.
- Inversiones inmobiliarias.
- Inversiones financieras.

Activo corriente
- Activo no corriente mantenido para la venta.
- Existencias.
- Deudores.
- Inversiones financieras temporales.
- Tesorería.

El **Pasivo** se define como "las obligaciones actuales surgidas como consecuencia de sucesos pasados, para cuya extinción la empresa espera desprenderse de recursos que puedan producir beneficios o rendimientos económicos en el futuro. A estos efectos, se entienden incluidas las provisiones". El **Pasivo corriente** incluye las obligaciones con vencimiento o extinción no superior al ciclo normal de explotación de la empresa o del plazo máximo de un año. El **Pasivo no corriente** incluye todo lo que no es corriente. Los elementos que componen el Pasivo son:

PASIVO
(Medios financieros o financiación ajena/ fuentes obligaciones con ajenos)

Pasivo no corriente
- Provisiones a largo plazo.
- Deudas a largo plazo.

Pasivo corriente
- Provisiones a corto plazo.
- Deudas a corto plazo.

Según el PGC el **Patrimonio neto** se define como "la parte residual de los activos de la empresa, una vez deducidos todos sus pasivos e incluye las aportaciones realizadas, ya sea en el momento de su constitución o en otros posteriores, por sus socios o propietarios, que no tengan la consideración de pasivos, así como los resultados acumulados u otras variaciones que le afecten". Los elementos que lo componen son:

Patrimonio neto (Diferencia entre los activos y pasivos)
- Fondos propios.
- Ajustes por cambios de valor.
- Subvenciones, donaciones y legados.

Ejercicios de autoevaluación
Unidad de Aprendizaje 2

1. Indica si las siguientes afirmaciones son verdaderas o falsas:

a. Las obligaciones se registran en el Activo de la empresa.

- ■ Verdadero
- ■ Falso

b. El Activo se divide en Activo Corriente y Activo no corriente.

- ■ Verdadero
- ■ Falso

c. El Capital corriente y el Patrimonio neto son esencialmente el mismo concepto.

- ■ Verdadero
- ■ Falso

d. El inventario es un análisis patrimonial tanto cualitativo como cuantitativo.

- ■ Verdadero
- ■ Falso

2. Las grandes masas patrimoniales son:

a. Bienes y obligaciones.
b. Activo corriente, Pasivo corriente y Patrimonio neto.
c. Activo, Pasivo y Patrimonio neto.
d. Todas las cuentas contables se consideran masas patrimoniales.

3. ¿Cuáles de los siguientes elementos pertenecen al Activo de la empresa?

a. El mobiliario.
b. Las aportaciones de los socios.
c. Las deudas de los clientes a favor.
d. El dinero depositado en la cuenta corriente.

4. Los bienes, derechos y otros recursos controlados económicamente por la empresa, resultantes de sucesos pasados, de los que se espera que la empresa obtenga beneficios o rendimientos económicos en el futuro es...

   a. ... el Pasivo.
   b. ... el Activo.
   c. ... el Patrimonio neto.
   d. ... el Capital corriente.

5. ¿Qué elementos pertenecen al Pasivo y Patrimonio neto?

   a. Las deudas que la Administración pública tenga con la empresa.
   b. Las subvenciones recibidas.
   c. Los préstamos concedidos por el banco y que están pendientes de pago.
   d. Los pagos pendientes a proveedores.

6. El Capital corriente es la diferencia entre...

   a. ... Activo corriente y Pasivo corriente.
   b. ... Activo no corriente y Pasivo corriente.
   c. ... Pasivo no corriente y Patrimonio neto.
   d. ... Activo corriente y Pasivo no corriente.

7. Indica si la siguiente afirmación es verdadera o falsa: "La ecuación fundamental de la contabilidad iguala el Activo con la suma del Pasivo y el Patrimonio neto".

   ■ Verdadero
   ■ Falso

Los hechos contables

Contenido

Objetivos

El objetivo general de esta Unidad de Aprendizaje es:

→ Entender los distintos aspectos relacionados con los hechos contables.

Los objetivos específicos de esta Unidad de Aprendizaje son:

→ Describir el concepto de hecho contable.

→ Clasificar las transacciones económicas en los distintos tipos de hechos contables.

→ Identificar los ingresos y los gastos en las operaciones económicas.

1. Introducción

La composición y cuantía del patrimonio de la empresa se ven afectados por las distintas operaciones que cada día se llevan a cabo por esta en el ejercicio contable que, como norma general, es de un año. La alteración del patrimonio se detecta al comparar la situación inicial y final de un mismo ejercicio en el que se han ido registrando dichas operaciones.

Antes de conocer cómo se registran contablemente las operaciones, es necesario definir y conocer un concepto íntimamente relacionado con el registro. Se trata del concepto de **hecho contable.**

Para analizar los hechos contables nos basaremos en las tareas de administración que Laura está llevando a cabo en la empresa Muebles Matís.

2. Concepto de hecho contable

☞ HILO CONDUCTOR

Transcurridos seis meses desde que se creó la empresa, su actividad ha ido creciendo de forma exponencial. Antonio le pide a Laura que elabore un informe en el que se ponga de manifiesto la variación que ha sufrido el patrimonio empresarial en este tiempo. Laura se pregunta qué hechos contables han podido influir en tales variaciones.

En el transcurso de la actividad de una empresa, su estructura patrimonial va variando en función de los acontecimientos que se van desarrollando. La empresa no es un ente que tenga carácter estático, sino que su patrimonio va cambiando constantemente. Estas modificaciones pueden ser alteraciones en la corriente real de la empresa, referida a cambios en los bienes o servicios, o en la corriente económica, afectando al flujo financiero de la misma.

En contabilidad estos acontecimientos se reflejan en los **hechos contables.**

 **DEFINICIÓN**

Hecho contable

Aquellos actos o transacciones que, teniendo consecuencias de contenido económico, producen alteraciones patrimoniales en la empresa que deben ser reflejadas en su contabilidad.

Previamente al registro de un hecho contable, es necesario realizar un análisis de él para poder contabilizarlo de forma correcta. Este análisis comprende las siguientes **fases:**

- Identificación de los elementos patrimoniales que intervienen en la transacción que genera el hecho contable.

- Adscripción de estos elementos a uno de los tipos de cuentas contables (Activo, Pasivo, Patrimonio neto, ingresos o gastos), para poder reflejar correctamente sus movimientos en la contabilidad.

- Determinación del comportamiento de cada uno de estos elementos: aumento o disminución.

- Valoración de la modificación (en términos monetarios) de cada uno de los elementos.

La correcta interpretación y análisis de los hechos contables suponen la base principal para una adecuada contabilización de los mismos, posibilitando de ese modo la obtención de una información económico-financiera fiable.

 **EJEMPLO**

En el mes de mayo la empresa Soto tiene la siguiente situación:

Continúa en página siguiente >>

<< Viene de página anterior

ACTIVO		PASIVO Y PATRIMONIO NETO	
Caja	60,10 €	Proveedores	360,61 €
Banco Sur	300,51 €	Prov., efec. com. a pagar	360,60 €
Clientes	180,30 €	TOTAL PASIVO	721,21 €
Mercaderías	601,01 €	**CAPITAL**	**1.803,04 €**
Maquinaria	901,52 €		
Mobiliario	480,81 €		
TOTAL ACTIVO	2.524,25 €		

En el mes de junio la empresa vende mercaderías por importe de 120,20 €, cobrando la operación en efectivo. Esto es un hecho contable que modifica el patrimonio de la empresa, aunque no se ve reflejado en su capital.

ACTIVO		PASIVO Y PATRIMONIO NETO	
Caja	**180,30 €**	Proveedores	360,61 €
Banco Sur	300,51 €	Prov., efec. com. a pagar	360,60 €
Clientes	180,30 €	TOTAL PASIVO	721,21 €
Mercaderías	**480,81 €**	**CAPITAL**	**1.803,04 €**
Maquinaria	901,52 €		
Mobiliario	480,81 €		
TOTAL ACTIVO	2.524,25 €		

 ## ACTIVIDAD COMPLEMENTARIA

4. En esta actividad deberás analizar el siguiente caso:

   Supóngase una empresa que usa un dinero en efectivo que tiene en su cuenta bancaria (7.000 €) para pagar una letra de un préstamo (3.000 €) que debe al banco y el resto para pagar a sus proveedores. ¿Esta operación supone un hecho contable?

3. Clasificación de los hechos contables

☞ HILO CONDUCTOR

Laura ha detectado varias transacciones que podrían ser la causa de la variación patrimonial que ha sufrido la empresa, aunque no recuerda la clasificación de los hechos contables para catalogarlas correctamente. El asesor contable le resuelve la duda y finaliza la tarea rápidamente.

Los hechos contables se pueden clasificar en función de varios criterios, dando como resultado la siguiente tipología:

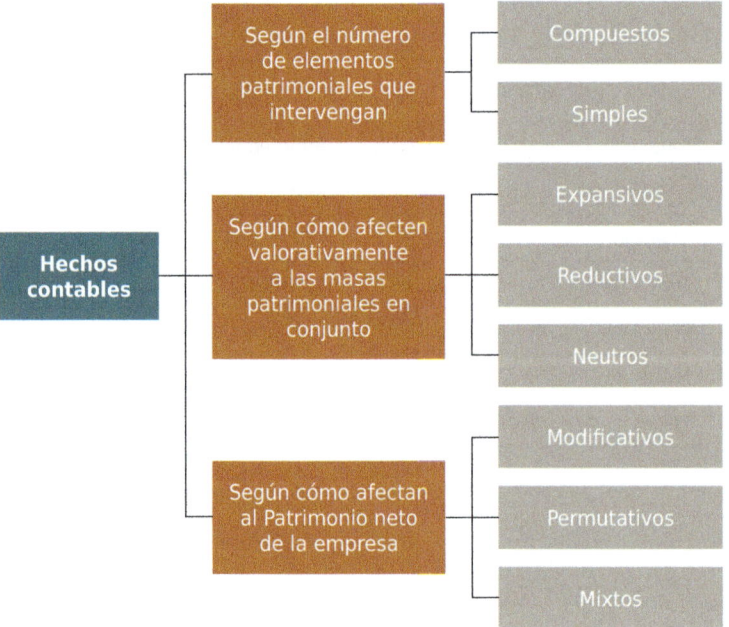

Seguidamente, se desarrollan y se muestran ejemplos de cada tipo.

APLICACIÓN PRÁCTICA

A Francisco le ha explicado un amigo que los distintos hechos contables que existen se comportan de forma diferente con el patrimonio de la empresa. ¿Cómo debe agrupar Francisco los tipos de hechos contables según los criterios establecidos?

- **Neutros**
- **Reductivos**
- **Simples**
- **Mixtos**
- **Expansivos**
- **Compuestos**
- **Modificativos**
- **Permutativos**

Solución

Las distintas transacciones económicas que se producen en la actividad empresarial dan lugar a distintos tipos de hechos contables. La forma de clasificarlos sería la siguiente:

- Según el número de elementos patrimoniales que intervienen en la operación:

  · Simples
  · Compuestos

- En función de la magnitud con la que afectan a las masas patrimoniales:

  · Reductivos
  · Expansivos
  · Neutros

- Atendiendo a cómo afectan al patrimonio:

  · Permutativos
  · Modificativos
  · Mixtos

En función del **número de elementos patrimoniales que intervienen,** los hechos contables se clasifican en:

- **Hechos contables simples:** aquellos acontecimientos en los que solo intervienen dos elementos patrimoniales.
- **Hechos contables compuestos:** aquellos acontecimientos en los que intervienen más de dos elementos patrimoniales.

 **RECUERDA**

El elemento patrimonial se define como cada una de las partes, autónoma e indivisible, en las que se divide el patrimonio de una empresa.

👁 **EJEMPLO**

Rocío Rojas presenta el siguiente inventario inicial:

ACTIVO		PASIVO Y PATRIMONIO NETO	
Caja	60,10 €	Proveedores	90,15 €
Bancos	180,30 €	TOTAL PASIVO	90,15 €
Mercaderías	360,61 €	Capital	510,86 €
		TOTAL PATR. NETO	510,86 €
TOTAL ACTIVO	601,01 €	TOTAL PASIVO Y PATR. NETO	601,01 €

Si compra mercaderías por valor de 18,03 € y las paga en efectivo, en esta transacción solo intervienen dos elementos (Caja y Mercaderías) y, por tanto, se considera un hecho contable simple.

Continúa en página siguiente >>

<< Viene de página anterior

ACTIVO		PASIVO Y PATRIMONIO NETO	
Caja	**42,07 €**	Proveedores	90,15 €
Bancos	180,30 €	TOTAL PASIVO	90,15 €
Mercaderías	**378,64 €**	Capital	510,86 €
		TOTAL PATR. NETO	510,86 €
TOTAL ACTIVO	601,01 €	TOTAL PASIVO Y PATR. NETO	601,01 €

De lo contrario, si compra mercaderías por valor de 18,03 € pagando en efectivo 10 € y el resto dejándolo a deber, en esta transacción intervienen tres elementos (Caja, Mercaderías y Proveedores). En este caso se considera un hecho contable compuesto.

ACTIVO		PASIVO Y PATRIMONIO NETO	
Caja	**50,10 €**	**Proveedores**	**98,18 €**
Bancos	180,30 €	TOTAL PASIVO	98,18 €
Mercaderías	**378,64 €**	Capital	510,86 €
		TOTAL PATR. NETO	510,86 €
TOTAL ACTIVO	609,04 €	TOTAL PASIVO Y PATR. NETO	609,04 €

En función de cómo **afecten valorativamente a las masas patrimoniales** en conjunto, la tipología de hechos contables es:

- **Hechos contables expansivos:** aquellos acontecimientos que hacen mayor (en términos valorativos) la estructura económica (Activo) y la estructura financiera (Pasivo y Patrimonio neto) simultáneamente.
- **Hechos contables reductivos:** aquellos que disminuyen (en términos valorativos) la estructura económica y financiera simultáneamente.
- **Hechos contables neutros:** aquellos en que, a nivel valorativo, la estructura económica y la financiera se mantienen invariables.

RECUERDA

Las masas patrimoniales son las agrupaciones de elementos patrimoniales homogéneos y organizados que tienen la misma funcionalidad económica y financiera; y son el Activo, el Pasivo y el Patrimonio neto.

EJEMPLO

La empresa A presenta la siguiente situación inicial:

ACTIVO		PASIVO Y PATRIMONIO NETO	
Caja	200 €	Proveedores	500 €
Bancos	500 €	TOTAL PASIVO	500 €
Mercaderías	800 €	Capital	1.000 €
		TOTAL PATR. NETO	1.000 €
TOTAL ACTIVO	1.500 €	TOTAL PASIVO Y PATR. NETO	1.500 €

Si su entidad bancaria le concede un préstamo por importe de 2.000 €, el hecho contable se considera expansivo, ya que aumenta tanto el Activo (bancos) como el Pasivo y Patrimonio neto (deudas con entidades financieras).

ACTIVO		PASIVO Y PATRIMONIO NETO	
Caja	200 €	Proveedores	500 €
Bancos	**2.500 €**	**Deudas con entidades financ.**	**2.000 €**
Mercaderías	800 €	TOTAL PASIVO	2.500 €
		Capital	1.000 €
		TOTAL PATR. NETO	1.000 €
TOTAL ACTIVO	**3.500 €**	**TOTAL PASIVO Y PATR. NETO**	**3.500 €**

Continúa en página siguiente >>

<< Viene de página anterior

Si la empresa le paga a sus proveedores 250 € de la deuda pendiente, el hecho contable se considera reductivo al disminuir el Activo (bancos) y Pasivo y Patrimonio neto (proveedores).

ACTIVO		PASIVO Y PATRIMONIO NETO	
Caja	200 €	**Proveedores**	**250 €**
Bancos	**250 €**	TOTAL PASIVO	250 €
Mercaderías	800 €	Capital	1.000 €
		TOTAL PATR. NETO	1.000 €
TOTAL ACTIVO	1.250 €	**TOTAL PASIVO Y PATR. NETO**	**1.250 €**

Si la empresa traspasa 200 € de Bancos a Caja y crea un fondo proveniente de capital, por ese mismo importe, el hecho contable es neutro, ya que no existe variación ni en el Activo ni en el Pasivo y Patrimonio neto.

ACTIVO		PASIVO Y PATRIMONIO NETO	
Caja	**400 €**	Proveedores	500 €
Bancos	**300 €**	TOTAL PASIVO	500 €
Mercaderías	800 €	**Capital**	**800 €**
		Reservas	**200 €**
		TOTAL PATR. NETO	1.000 €
TOTAL ACTIVO	**1.500 €**	**TOTAL PASIVO Y PATR. NETO**	**1.500 €**

Los hechos contables en función de **cómo afectan al Patrimonio neto** de la empresa pueden ser:

- ⮑ **Hechos contables modificativos:** aquellos que alteran la cuantía y composición del Patrimonio neto. Estos, a su vez, pueden ser aumentativos o disminutivos.
- ⮑ **Hechos contables permutativos:** aquellos que afectan a la composición del patrimonio de la empresa pero sin variar el Patrimonio neto, es decir, que afectan a la composición del Activo o el Pasivo.

○ **Hechos contables mixtos:** aquellos que varían la composición del patrimonio de la empresa, modificando el Patrimonio neto. Estos, a su vez, pueden ser aumentativos o disminutivos.

 SABÍAS QUE...

La clasificación de los hechos contables en modificativos, permutativos y mixtos es la que se da en contabilidad con más frecuencia.

 EJEMPLO

La empresa Oña presenta la siguiente situación inicial:

ACTIVO		PASIVO Y PATRIMONIO NETO	
Caja	200 €	Proveedores	500 €
Bancos	500 €	TOTAL PASIVO	500 €
Mercaderías	800 €	Capital	2.000 €
Equipos informáticos	1.000 €	TOTAL PATR. NETO	2.000 €
TOTAL ACTIVO	2.500 €	TOTAL PASIVO Y PATR. NETO	2.500 €

Si la empresa vende un equipo informático por valor de 500 € cobrándolo en efectivo, el hecho contable es permutativo porque cambia la composición del Activo (Caja y Equipos informáticos), pero no el capital.

ACTIVO		PASIVO Y PATRIMONIO NETO	
Caja	**700 €**	Proveedores	500 €
Bancos	500 €	TOTAL PASIVO	500 €

Continúa en página siguiente >>

<< Viene de página anterior

ACTIVO		PASIVO Y PATRIMONIO NETO	
Mercaderías	800 €	Capital	2.000 €
Equipos informáticos	**500 €**	TOTAL PATR. NETO	2.000 €
TOTAL ACTIVO	2.500 €	TOTAL PASIVO Y PATR. NETO	2.500 €

Si el proveedor aplica una rebaja de 100 € a la deuda pendiente, el hecho contable es modificativo aumentativo, ya que altera la composición del Pasivo y, por tanto, del capital.

ACTIVO		PASIVO Y PATRIMONIO NETO	
Caja	200 €	**Proveedores**	**400 €**
Bancos	500 €	TOTAL PASIVO	400 €
Mercaderías	800 €	**Capital**	**2.100 €**
Equipos informáticos	1.000 €	TOTAL PATR. NETO	2.100 €
TOTAL ACTIVO	2.500 €	TOTAL PASIVO Y PATR. NETO	2.500 €

Si la empresa vende mercaderías por valor de 150 €, recibiendo a cambio una letra aceptada por 200 €, el hecho contable es mixto porque se ve afectado el Activo de la empresa y su Patrimonio neto.

ACTIVO		PASIVO Y PATRIMONIO NETO	
Caja	200 €	Proveedores	500 €
Bancos	500 €	TOTAL PASIVO	500 €
Mercaderías	**650 €**	**Capital**	**2.050 €**
Equipos informáticos	1.000 €	TOTAL PATR. NETO	2.050 €
Clientes, efectos com. a cobrar	**200 €**		
TOTAL ACTIVO	2.550 €	TOTAL PASIVO Y PATR. NETO	2.550 €

Al analizar un mismo hecho contable puede suceder que en él se den **distintas tipologías a la vez.** En el siguiente ejemplo lo puedes comprobar.

 **EJEMPLO**

La situación inicial de Andrea es la siguiente:

ACTIVO		PASIVO Y PATRIMONIO NETO	
Caja	1.200 €	Proveedores	1.500 €
Banco	2.000 €	TOTAL PASIVO	1.500 €
Clientes	100 €	PATRIMONIO NETO	2.000 €
Mercaderías	200 €		
TOTAL ACTIVO	3.500 €		

Del total de Caja solo dispone de 900 € para realizar una compra de mercaderías que asciende a 1.100 €. Paga en efectivo con la cantidad disponible y deja a deber a su proveedor el resto (200 €). Después de la transacción, su nueva situación es:

ACTIVO		PASIVO Y PATRIMONIO NETO	
Caja	**300 €**	**Proveedores**	**1.700 €**
Banco	2.000 €	TOTAL PASIVO	1.700 € (↑)
Clientes	100 €	PATRIMONIO NETO	2.000 €
Mercaderías	**1.300 €**		
TOTAL ACTIVO	3.700 € (↑)		

Analizando el hecho contable que supone la compra de mercaderías, se deduce que es:

Continúa en página siguiente >>

<< Viene de página anterior

- Compuesto, pues intervienen más de dos elementos (Caja, Mercaderías y Proveedores).
- Expansivo, ya que tanto el Activo como el Pasivo aumentan.
- Permutativo, puesto que no afecta al Patrimonio neto de la empresa.

 TAREA 5

En la empresa de María se han realizado las siguientes transacciones. Indica a qué tipo de hecho contable corresponde cada una de ellas.

- Venta de mercaderías cobradas mediante transferencia bancaria.
- Compra de mercaderías cobrando la mitad en efectivo y el resto dejándolo a deber.
- Compra de un equipo informático dejándolo a deber a los proveedores de inmovilizado.
- Pago de parte de la deuda pendiente de los proveedores de inmovilizado.
- Debido a un error en la contabilización de la deuda pendiente con los proveedores de mercaderías, se realiza un traspaso entre bancos y caja, y entre estos y los proveedores de inmovilizado.
- Venta de un local comercial cobrado parte en efectivo y parte mediante pagaré.
- Como consecuencia de una inundación en la empresa, se da de baja una cantidad importante de mercaderías por estar dañadas.
- Compra de mercaderías pagando mediante letra de cambio un importe superior al de la compra.

---

4. Ingresos y gastos

 HILO CONDUCTOR

La buena marcha de la empresa se traduce en un aumento de sus ingresos y en una disminución de sus gastos. Laura considera importante hacerle ver al gerente la diferencia entre estos dos términos y las masas patrimoniales vistas hasta el momento. De esa forma, al analizar los resultados va a verlo todo más claro.

Los términos ingreso y gasto están relacionados con el movimiento de bienes o prestación de servicios, aumentando o disminuyendo el patrimonio de la empresa y originando derechos y obligaciones. El Plan General de Contabilidad de Pymes (Real Decreto 1515/2007) define ingreso y gasto como sigue:

- **Ingreso:** incremento en el Patrimonio neto de la empresa durante el ejercicio, ya sea en forma de entradas o aumentos en el valor de los activos, o de disminución de los pasivos, siempre que no tengan su origen en aportaciones, monetarias o no, de los socios o propietarios.
- **Gasto:** decremento en el Patrimonio neto de la empresa durante el ejercicio, ya sea en forma de salidas o disminuciones en el valor de los activos, o de reconocimiento o aumento del valor de los pasivos, siempre que no tengan su origen en distribuciones, monetarias o no, a los socios o propietarios, en su condición de tales.

Ambos términos no reflejan movimiento de dinero, sino los flujos económicos o reales del ciclo empresarial. Es lo que se conoce como **corriente real o económica de la empresa.**

Por otro lado, los términos **cobro** y **pago** hacen referencia al movimiento de dinero asociado a la corriente económica. Es lo que se conoce como **corriente monetaria o financiera** de la empresa, que puede producirse antes, durante o después de la corriente económica a la cual se asocia.

Gastos e ingresos versus pagos y cobros

GASTO
- Toda operación que implica una reducción del patrimonio de la empresa.

PAGO
- Flujo exclusivamente monetario que refleja la entrega de dinero para saldar una deuda.

versus

INGRESO
- Toda operación que implica un aumento del patrimonio de la empresa.

COBRO
- Flujo exclusivamente monetario que refleja el recibo de dinero para saldar una deuda.

💬 CONSEJO

En el lenguaje cotidiano, es muy común que se empleen indistintamente los términos **ingreso** y **cobro** y las expresiones **gasto** y **pago,** pero, desde un punto de vista contable, esto no es así y se debe ser muy cuidadoso a la hora de emplearlos.

La diferencia temporal entre las corrientes económica y financiera va a generar la aparición de hechos contables que se deben reflejar en los libros a través de asientos de contabilidad. De este modo, se puede mostrar en cada momento la situación en la que la empresa se encuentra.

La corriente económica se va a basar en el **principio contable del devengo,** que quiere decir que las operaciones se registran en el momento en que ocurren, con independencia de cuándo se produzca el movimiento de dinero, y cuya diferencia (ingresos-gastos) da el resultado económico de la empresa en un periodo de tiempo.

👁 EJEMPLO

Como gasto se pueden citar las compras de mercaderías, los alquileres, los suministros, los servicios bancarios, los impuestos, los sueldos de los empleados, la Seguridad Social, los intereses bancarios, etc.

Como ingreso se pueden mencionar las ventas de mercaderías, las subvenciones, los ingresos financieros, los arrendamientos cobrados, etc.

En definitiva, la corriente económica hace referencia a los ingresos y gastos, mientras que la corriente financiera se relaciona con los cobros y pagos.

 **TAREA 6**

En la siguiente relación existen ingresos y gastos de una empresa en un periodo concreto. ¿Sabrías identificarlos? Indica lo que es cada cual.

- Los sueldos de los empleados ascienden a 100.000 €.
- El recibo de la luz consumida en la actividad productiva es por importe de 5.600 €.
- El arrendamiento de un local de su propiedad le reporta la cantidad de 3.200 € mensuales.
- Los servicios financieros que le ha prestado su entidad bancaria en una operación comercial han supuesto 920 €.
- La subvención recibida del Ayuntamiento de la localidad asciende a 4.900 €.
- El alquiler anual de la nave utilizada como almacén es por importe de 14.000 €.
- La venta de mercaderías asciende a 28.000 €.

5. Resumen

Los **hechos contables** se pueden definir como las transacciones que, teniendo consecuencias de contenido económico, producen alteraciones patrimoniales en la empresa que deben ser reflejadas en su contabilidad. **Su análisis consta de 4 etapas:**

1. Identificar los elementos patrimoniales participantes.
2. Adscribirlos a las cuentas contables respectivas.
3. Determinar el comportamiento de los elementos.
4. Valorar la modificación ocasionada.

Los hechos contables se pueden clasificar en los siguientes **tipos,** atendiendo a distintos criterios:

Según el número de elementos patrimoniales que intervengan
- Simples
- Compuestos

Continúa en página siguiente >>

<< Viene de página anterior

Según cómo afecten valorativamente a las masas patrimoniales
- Expansivos
- Reductivos
- Neutros

Según cómo afectan al Patrimonio neto de la empresa
- Modificativos
- Permutativos
- Mixtos

Los hechos contables modificativos y mixtos pueden ser, a su vez, aumentativos o disminutivos.

La **corriente económica** hace referencia a los ingresos y gastos, mientras que la **corriente financiera** se refiere a los cobros y pagos. La relación que existe entre estos conceptos es:

GASTO
- Toda operación que implica una reducción del patrimonio.

Pago
Flujo monetario que refleja la entrega de dinero para saldar una deuda con terceros.

INGRESO
- Toda operación que implica un aumento del patrimonio.

Cobro
Flujo monetario que refleja el recibo de dinero para saldar una deuda.

Ejercicios de autoevaluación
Unidad de Aprendizaje 3

1. ¿Qué es un hecho contable?

    a. Las operaciones comerciales ya registradas en contabilidad.
    b. Toda operación que suponga un aumento del patrimonio de la empresa.
    c. Aquel acto que, teniendo consecuencias económicas, provoca cambios patrimoniales en la empresa.
    d. La transacción que conlleva una disminución del patrimonio empresarial.

2. El análisis de los hechos contables consta de varias fases, ¿cuántas son?

    a. 4
    b. 3
    c. 5
    d. 2

3. Determina si las siguientes afirmaciones son verdaderas o falsas:

    a. Los hechos contables pueden ser simples o compuestos según el número de elementos patrimoniales que intervienen en la operación.

        ■ Verdadero
        ■ Falso

    b. Los hechos contables que aumentan la estructura económica y financiera a la vez se clasifican como reductivos.

        ■ Verdadero
        ■ Falso

4. Los hechos contables, según cómo afecten valorativamente a las masas patrimoniales se pueden clasificar en:

    a. Simples
    b. Reductivos

c. Neutros

d. Expansivos

5. ¿Cuál de los siguientes hechos patrimoniales pueden ser aumentativos o disminutivos?

a. Neutros

b. Mixtos

c. Permutativos

d. Modificativos

6. ¿Qué son los hechos contables permutativos?

a. Aquellos que alteran la cuantía y composición del Patrimonio neto.

b. Aquellos que varían la composición del patrimonio de la empresa, modificando el Patrimonio neto.

c. Aquellos que modifican solo la composición del Pasivo y del Patrimonio neto.

d. Aquellos que afectan a la composición del Activo o Pasivo de la empresa pero sin variar el Patrimonio neto.

7. Determina si la siguiente afirmación es verdadera o falsa: "A los términos ingreso y gasto se les puede llamar también cobro y pago, respectivamente".

■ Verdadero

■ Falso

8. La corriente económica refleja...

a. ... los flujos reales del ciclo empresarial.

b. ... los flujos económicos y financieros relacionados con la actividad empresarial.

c. ... solo los flujos financieros del ciclo contable.

d. ... los flujos monetarios del ejercicio contable.

9. **Indica si la siguiente afirmación es verdadera o falsa: "Los gastos son los decrementos en el Patrimonio neto de la empresa durante el ejercicio, incluso los ocasionados por la distribución monetaria o en especie a los socios o propietarios".**

■ Verdadero
■ Falso

El registro de las operaciones

Contenido

Objetivos

El objetivo general de esta Unidad de Aprendizaje es:

→ Saber registrar en contabilidad las operaciones realizadas en el ámbito empresarial.

Los objetivos específicos de esta Unidad de Aprendizaje son:

→ Registrar en las cuentas contables las transacciones comerciales.

→ Crear los asientos contables derivados de las operaciones realizadas por la empresa.

→ Explicar los movimientos de las distintas cuentas contables que intervienen en la operativa empresarial.

→ Aplicar los conceptos de cargo y abono en las cuentas de gasto e ingreso.

1. Introducción

El mayor o menor grado de agrupación de los elementos patrimoniales permite una información más genérica o profundizar en el detalle de su composición, mostrando así distintas perspectivas de una misma realidad.

Estos elementos patrimoniales están sujetos a movimientos, cambios y transacciones que hacen variar y modificar sus valores, y su posición jurídica respecto a la persona o empresa que se quiere conocer y a la que se quiere controlar su situación. Para ello, es necesario establecer un sistema que permita, dentro de unos estándares, conocer cómo evolucionan y en qué situación se encuentran en un determinado momento estos elementos patrimoniales.

De ahí que la contabilidad establezca un sistema que permite conocer tanto su situación como sus movimientos históricos y la elaboración de una serie de informes para poder evaluar e incluso comparar en el tiempo el estado de la empresa.

Para conocer cómo se comportan los elementos patrimoniales en el registro contable, nos basaremos en los primeros apuntes contables que hace Laura en la contabilidad de la empresa Muebles Matís.

2. Cuentas contables

☞ HILO CONDUCTOR

Laura ya ha comenzado a registrar las operaciones de la empresa en la contabilidad y como el volumen de negocio ha ido aumentando tanto, tiene mucho trabajo. Por ello, ha decidido explicarle a Antonio cómo se realiza el registro contable para que le ayude hasta que contraten a alguien más. Ha comenzado con lo más básico de la contabilidad, las cuentas contables y su problemática.

Con el objetivo de poder hacer un seguimiento de los movimientos y alteraciones de los elementos que integran el patrimonio de una empresa, la contabilidad utiliza lo que se conoce como **cuentas contables.**

Una **cuenta** es un elemento conceptual que sirve como representación y medida, a lo largo del tiempo, de un elemento patrimonial o grupo de ellos con características homogéneas. Como es un concepto muy utilizado en el registro contable, conviene explicar en detalle cada uno de sus matices:

- **Es un elemento conceptual:** realmente no es nada físico, sino un sistema de registro valorativo que agrupa el conjunto de operaciones en las que un elemento patrimonial está inmerso.
- **Sirve como representación:** es la manera en la que la contabilidad y los informes obtenidos de ella muestran los elementos de los que dispone.
- **Sirve de medida:** implica un modo de medición, que ha de ser homogéneo para los distintos elementos que se pueden incluir en cada cuenta. Además es un modo de medición que permite una homogeneización con los restantes elementos de otras cuentas, a fin de ofrecer una información íntegra de la empresa. Esta medición es por lo tanto la valoración económica que se haga de ellos.
- **Sirve a lo largo del tiempo:** partiendo de su valor inicial, en ella se contemplan todos los movimientos de los elementos, permitiendo tener un registro histórico.

Las cuentas tienen dos **funciones** principales:

Clasificación de los elementos patrimoniales	Control del patrimonio
- Clasificación de los elementos patrimoniales, permitiéndose a la vez una agrupación de estas (por ejemplo, las cuentas de cuenta corriente en euros y cuenta corriente en dólares se pueden agrupar en la de bancos) o un mayor desglose si es requerido.	- Control del patrimonio, ya que en ellas se muestra tanto el valor inicial como cada uno de los movimientos o alteraciones que se producen en los elementos que la componen, permitiendo realizar un análisis histórico de ellos y estimaciones futuras de su evolución.

 EJEMPLO

Imagina un cliente al que se le venden mercancías por valor de 5.000 €, pagando 1.000 € al contado y aplazando lo restante en dos cobros iguales de 2.000 €, uno a los 3 meses y otro a los 6. Cobrado todo, se le hace una nueva venta por valor de 1.500 € que paga en el momento.

Continúa en página siguiente >>

<< Viene de página anterior

La cuenta del cliente registraría las siguientes operaciones:

- Primera venta + 5.000 €.
- Cobro al contado - 1.000 €.
- Resto (pendiente cobrar) + 4.000 €.

- Cobro a los 3 meses - 2.000 €.
- Cobro a los 6 meses - 2.000 €.
- Resto (pendiente cobrar) 0 €.

- Segunda venta + 1.500 €.
- Cobro al contado - 1.500 €.
- Resto (pendiente cobrar) 0 €.

Puede verse que la cuenta muestra la secuencia de movimientos que se van produciendo a lo largo del tiempo, de modo que, al verla, es posible entender qué es lo que ha sucedido para ese elemento patrimonial en cuestión.

Las cuentas se representan de modo esquemático en forma de T (cruceta), dividiendo de esta manera las operaciones que irán al **Debe** (y que se anotarán en la parte izquierda de la T) y las que irán al **Haber** (que se anotarán en la parte derecha).

La representación gráfica de la cuenta es:

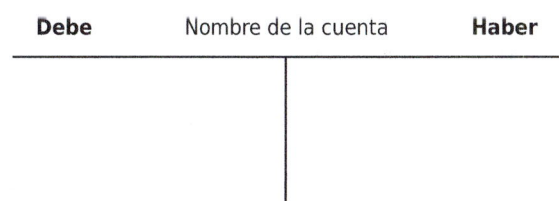

| **Debe** | Nombre de la cuenta | **Haber** |

⮕ En el Debe se anotan esencialmente las siguientes operaciones:

- ↻ Situación inicial en las cuentas de Activo.
- ↻ Incrementos en las cuentas de Activo (que representan los bienes y derechos).
- ↻ Disminuciones en las cuentas de Pasivo (que representan las obligaciones).

⊃ En el Haber se registran:

◊ Situación inicial en las cuentas de Pasivo.
◊ Incrementos en las cuentas de Pasivo.
◊ Disminuciones en las cuentas de Activo.

RECUERDA

Las cuentas de Activo son aquellas que representan los bienes y derechos, y las cuentas de Pasivo, las obligaciones.

APLICACIÓN PRÁCTICA

La empresa de Maribel ha adquirido un local comercial por 11.000 €, pagándolo por transferencia bancaria. En la representación gráfica de las cuentas que intervienen en la operación, ¿dónde se anotará cada movimiento?

Solución

En primer lugar, lo que se debe hacer es analizar las cuentas que se quieren representar para así poder anotar sus respectivos movimientos en la parte de la cuenta (Debe o Haber) que le corresponda.

En este caso ambas cuentas (construcciones y bancos) son de Activo, ya que representan bienes de la empresa. De esta manera, se sabe que su situación inicial será el Debe, que sus incrementos irán al Debe y sus disminuciones al Haber.

Al realizar la compra del local comercial, se incrementan los bienes de la empresa (el Activo), con lo cual la anotación se hace en el Debe.

El pago realizado por transferencia bancaria supone una disminución de un bien de Activo, de ahí que corresponda una anotación en el Haber.

A pesar de que en el mundo contable la representación de las cuentas en forma de T es algo plenamente aceptado, se debe hacer mención a que los programas informáticos no muestran la información en este formato. Los **programas contables** suelen mostrar los movimientos de las cuentas principalmente en dos formatos:

➲ En forma de lista, verticalmente y por orden cronológico, considerando como positivas las anotaciones realizadas en el Debe y como negativas las registradas en el Haber.

Fecha	Concepto	Importe
01/05/20XX	Venta 1 de mercancías	5.000
01/05/20XX	Pago parcial al contado de Venta 1	-1.000
01/08/20XX	Pago parcial aplazado de Venta 1	-2.000
01/11/20XX	Pago parcial aplazado de Venta 1	-2.000
05/12/20XX	Venta 2 de mercancías	1.500
05/12/20XX	Pago contado de Venta 2	-1.500

➲ En forma de lista, verticalmente y por orden cronológico, pero diferenciando una columna para las operaciones registradas en el Debe (que se pone a la izquierda) y otra para las de Haber (a la derecha).

Fecha	Concepto	Debe	Haber
01/05/20XX	Venta 1 de mercancías	5.000	
01/05/20XX	Pago parcial al contado de Venta 1		1.000
01/08/20XX	Pago parcial aplazado de Venta 1		2.000
01/11/20XX	Pago parcial aplazado de Venta 1		2.000
05/12/20XX	Venta 2 de mercancías	1.500	
05/12/20XX	Pago contado de Venta 2		1.500

 IMPORTANTE

Interpretar correctamente la información contable ayuda a la empresa en la toma de decisiones económicas y financieras.

2.1. Conceptos de cargo, abono y saldo

A la hora de realizar operaciones con las cuentas, existe una terminología que es usada de forma general. Es necesario familiarizarse con estos términos y así poder empezar a hablar con propiedad dentro del mundo de la contabilidad.

Los **términos** relacionados con la operativa de las cuentas contables son:

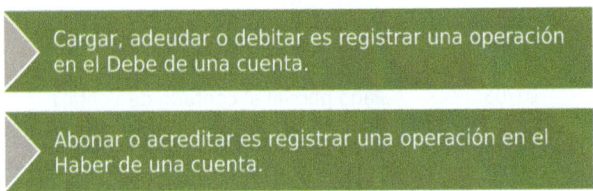

Cargar, adeudar o debitar es registrar una operación en el Debe de una cuenta.

Abonar o acreditar es registrar una operación en el Haber de una cuenta.

Comúnmente, los términos más utilizados son cargar y abonar.

 EJEMPLO

Si se carga una operación de 500 € en la cuenta de bancos, se tiene:

Debe	BANCOS	Haber
500		

Si, sobre el ejemplo anterior, se abonan 200 € en la misma cuenta de bancos, se tiene:

Debe	BANCOS	Haber
500		200

Otro término muy utilizado en las anotaciones de las cuentas es el de **saldo.** Este se define como la diferencia entre la suma de los valores registrados en el Debe y la suma de los valores registrados en el Haber. El saldo puede ser:

- ➲ **Deudor:** cuando la suma de las cantidades del Debe es mayor que la suma de las cantidades del Haber.
- ➲ **Acreedor:** cuando la suma de las cantidades del Debe es menor que la suma de las cantidades del Haber.
- ➲ **Cero o nulo:** cuando ambas cantidades son iguales.

El proceso que consiste en realizar una anotación en una cuenta y que su saldo sea cero se denomina **saldar.** Para saldar una cuenta que tiene saldo deudor hay que realizar una anotación en su haber por el mismo importe. Si el saldo de la cuenta a saldar es acreedor, en este caso la anotación se debe realizar en su Debe.

EJEMPLO

La cuenta del banco Z presenta un saldo deudor de 300 €, ya que:

- Suma de cantidades registradas al Debe = 500 €.
- Suma de cantidades registradas al Haber = 200 €.
- Saldo = Debe - Haber = 500 - 200 = 300 €

Para saldar esta cuenta de bancos, se realizarían las anotaciones que se indican:

Debe	BANCOS	Haber
500		200
Saldo deudor 300		
		*300
Total apuntes Debe 500		Total apuntes Haber 500

* Apunte para saldar la cuenta.

Saldo = Debe - Haber = 500 - (200 + 300) = 0

ACTIVIDAD COMPLEMENTARIA

5. Responde a la cuestión planteada una vez analizado el supuesto:

   Un amigo que trabaja en un departamento cercano al de contabilidad, pero que no tiene nada que ver con este, le comenta que lleva varias semanas oyendo de los contables de su empresa que se están realizando muchos cargos en las cuentas de proveedores. No le suena bien eso de "cargos" y pregunta si es algo de lo que deba preocuparse. Le gusta su trabajo y no le gustaría tener que cambiar. ¿Qué deberá explicarle el trabajador del departamento de contabilidad para tranquilizarlo?

2.2. Cuentas de activo-pasivo y de ingreso-gasto

Las **cuentas de Activo y Pasivo,** también llamadas **cuentas patrimoniales,** representan los bienes, derechos y obligaciones con terceros de que dispone una empresa. Estas cuentas, debidamente organizadas, muestran el balance de situación de la empresa, que es la imagen en un momento dado de la situación patrimonial en la que esta se encuentra y que se refleja en los saldos de las cuentas del Activo y el Pasivo.

Los movimientos de las cuentas se rigen por lo que se conoce como el **convenio del cargo y abono,** comportándose de la siguiente manera para las cuentas siguientes:

➲ El movimiento de las cuentas de Activo es:

Debe	TITULAR DE LA CUENTA	Haber
Valor inicial Aumentos ↑ Entradas		↓ Disminuciones Salidas

➲ El movimiento de las cuentas de Pasivo es:

Debe	TITULAR DE LA CUENTA	Haber
↓ Disminuciones Salidas		Valor inicial Aumentos ↑ Entradas

CONSEJO

Antes de comenzar a hacer anotaciones en una cuenta, se recomienda pararse a pensar e identificar si se trata de una cuenta de Activo o Pasivo, de modo que se realicen los registros correspondientes de sus movimientos de forma correcta.

TAREA 7

Una empresa dispone de 3.000 € en productos para venderlos y, como estima que va a haber una importante demanda, realiza una compra por valor de 1.500 €. Finalmente, realiza ventas por valor de 4.000 €.

Identifica qué masa y elemento patrimonial usaría para registrar estas transacciones, represéntalas en un esquema de cuenta, explica el porqué de sus anotaciones e indica su saldo final.

Las **cuentas de ingreso y gasto,** también llamadas **cuentas de gestión,** no muestran directamente el patrimonio de la empresa, sino las operaciones comerciales o de explotación del negocio, que generarán un resultado. De esta forma, si los ingresos son mayores que los gastos, el resultado será positivo y la empresa tendrá beneficios; en caso contrario, la empresa tendrá gastos.

El registro de estas cuentas se realiza según su propio convenio de cargo y abono:

⮂ El registro del movimiento de las cuentas de ingreso es:

Debe	INGRESOS	Haber
Disminuciones (-)		Valor inicial (+) Aumentos (+)

⮂ El registro del movimiento de las cuentas de gasto es:

Debe	GASTOS	Haber
Valor inicial (+) Aumentos (+)		Disminuciones (-)

SABÍAS QUE...

La optimización del resultado contable obtenido mediante la diferencia entre las cuentas de ingresos y gastos ha sido desde siempre uno de los principales objetivos de los empresarios.

- -

APLICACIÓN PRÁCTICA

La empresa Rojo, S. L., ha vendido mercaderías por valor de 900 €. Como el cobro ha sido al contado, ha pagado con ese importe el alquiler del local comercial donde realiza su actividad. En las cuentas de ingreso y gasto que intervienen en estas operaciones, ¿cómo se realizan las anotaciones contables?

Continúa en página siguiente >>

<< Viene de página anterior

Solución

Analizando el caso se deduce que hay dos transacciones. En la primera (Venta de mercaderías) interviene una cuenta de ingreso, y en la segunda (Pago del alquiler del local) interviene una cuenta de gasto.

Para el registro de los movimientos de ambas cuentas se atiende al convenio de cargo y abono de las cuentas de gasto e ingreso. De esta forma, se sabe que las cuentas de gasto se cargan (anotación en el Debe) por su valor inicial y sus aumentos, y se abonan (anotación en el Haber), por las disminuciones. En las cuentas de ingreso, se cargan por las disminuciones y se abonan por el valor inicial y los aumentos.

En el caso planteado hay que realizar una anotación en el Haber de la cuenta de ingreso por la venta y una anotación en el Debe de la cuenta de gasto por el alquiler.

- -

3. La técnica contable

👉 HILO CONDUCTOR

Una vez que Laura le ha explicado a Antonio todo lo relacionado con las cuentas contables, continúa con el sistema de partida doble, que es por el que se debe regir para el registro de los asientos. Para hacer el tema un poco más interesante empieza por contarle un poco de historia, siguiendo con los conceptos teóricos y prácticos de este sistema.

- -

La contabilidad y su evolución técnica han estado ligadas al desarrollo del comercio a lo largo de la historia y la creciente industrialización. Desde los orígenes, los comerciantes han buscado la forma de reflejar y **mantener evidencia de sus operaciones mercantiles y los resultados** de ellas. De ahí que, en un principio, se registrasen las entradas y salidas tanto de materiales como de dinero, en lo que podría considerarse un método de "partida simple".

Los historiadores y arqueólogos han encontrado evidencias de registros contables en las civilizaciones inca, egipcia y romana. Sin embargo, se estima que la partida doble no apareció hasta 1340 en Génova (Italia). **Fray Luca Pacioli,** una vez inventada la imprenta, pudo extender sus estudios sobre contabilidad y generalizar este método en su obra publicada en 1494.

 SABÍAS QUE...

Luca Pacioli, en su obra *Summa de Arithmetica, Geometria, Proportioni e Proportionalita*, dedicó treinta y seis capítulos a la descripción de los métodos contables empleados por los principales comerciantes venecianos.

A día de hoy, tras muchos años de evolución y dada la creciente complejidad en el mundo de los negocios, esto sería absolutamente insuficiente. El desarrollo que ha experimentado el mundo empresarial ha provocado a su vez la **evolución del método de registro contable,** aunque, en esencia, el objetivo que se persigue con él es el mismo que entonces.

El método actual para el registro de la contabilidad es el de la **partida doble.** El principio fundamental de este método se basa en que toda anotación o registro contable debe realizarse de forma que se mantenga el equilibrio establecido en la ecuación fundamental de la contabilidad. A través de este sistema, cada hecho contable genera alteraciones como mínimo en dos cuentas.

La partida doble, como **técnica de registro contable,** se fundamenta en los siguientes aspectos:

- **Separación:** entre bienes y derechos (Activo) por un lado y conjunto de obligaciones (Pasivo y Patrimonio neto) por otro.
- **Diferenciación:** en todo hecho contable que se realice se debe diferenciar entre el origen o fuente de financiación, por un lado, y la aplicación o materialización de las fuentes, por otro.
- **Reciprocidad:** no hay deudor sin acreedor y viceversa.
- **Correspondencia:** quien recibe es deudor y quien entrega, acreedor.
- **Equivalencia:** el total del valor cargado en un hecho contable debe ser igual al total del valor abonado.
- **Consistencia:** todo valor que entra en una cuenta debe salir por la misma cuenta.
- **Confrontabilidad:** las pérdidas se cargan (Debe) y las ganancias se abonan (Haber).

 **PARA SABER MÁS**

La partida doble es el sistema de registro por excelencia de la contabilidad. En el siguiente esquema podrás ver la explicación de este sistema:

https://redirectoronline.com/adgd037po0401

3.1. Los asientos contables

Las alteraciones en las cuentas producidas por un hecho contable se representan a través de un registro informativo unitario llamado **asiento contable** o **apunte contable.**

 **DEFINICIÓN**

Asiento contable
Cada una de las anotaciones o registros de los hechos contables que se realizan en el Libro diario de contabilidad a través del uso de las cuentas que los representan.

El **Libro diario** es un libro obligatorio de la contabilidad en el que se registran cronológicamente las operaciones realizadas por la empresa, utilizando los asientos contables como medio para realizar dichas anotaciones.

Siguiendo el método de partida doble, cada asiento tiene **dos vertientes** o **partes,** ya que cada movimiento del Debe tiene su contrapartida en el Haber y viceversa.

Aunque no existe ninguna obligación legal, la información que generalmente se incluye en un asiento es la siguiente:

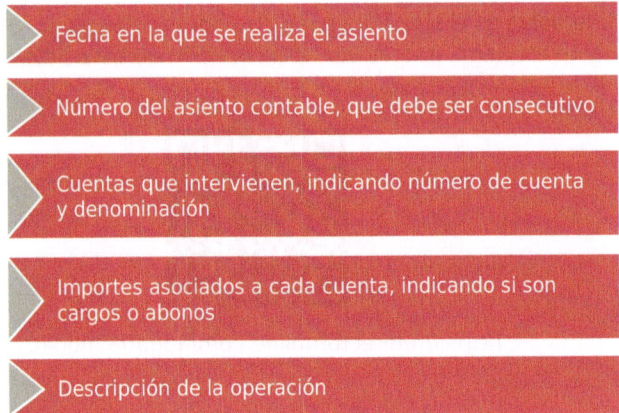

Fecha en la que se realiza el asiento

Número del asiento contable, que debe ser consecutivo

Cuentas que intervienen, indicando número de cuenta y denominación

Importes asociados a cada cuenta, indicando si son cargos o abonos

Descripción de la operación

Existen diferentes **formas de representar un asiento** contable. A continuación se muestran las más comunes:

Fecha	núm. asiento	núm. cuenta	Nombre cuenta	Descripción	Debe (EUR)	Haber (EUR)
21/05/20XX	25	600	Compras de mercaderías	Factura 254 del proveedor "X"	2.500	
		400	Proveedores	Factura 254 del proveedor "X"		2.500

Debe		21/05/20XX		Haber
2.500	600 (compras de mercaderías)	Asiento Núm. 25	400 (proveedores)	2.500
	Factura 254 del proveedor "X"	a	Factura 254 del proveedor "X"	

Según la operación que realicen, es posible distinguir los siguientes **tipos de asientos:**

➲ **De apertura:** es el que se realiza al principio de cada ejercicio para abrir la contabilidad.

- **Operativos:** son los que recogen las transacciones que se hacen en el día a día de la empresa.
- **De ajuste:** son aquellos que se realizan para corregir en la contabilidad las desviaciones que pudieran existir respecto a la realidad, para así poder mostrar la imagen fiel de la situación patrimonial de la empresa.
- **De regularización:** son aquellos que se hacen para saldar y cerrar las cuentas de ingresos y gastos, permitiendo así la obtención del resultado obtenido en el ejercicio económico.
- **De cierre:** es el que se realiza al final de cada ejercicio para cerrar la contabilidad de ese periodo.

 **EJEMPLO**

Los asientos de ajuste se pueden realizar cuando se elabora un inventario y se ve que las existencias no muestran el mismo valor en la contabilidad y en la realidad, o cuando hay que hacer correcciones de valor de ciertos elementos debido al deterioro o por otros motivos.

Una vez conocidos los conceptos de hecho y asientos contables, y estudiado el método de la partida doble, se pondrá en práctica la aplicación del método contable a través de una serie de ejemplos.

 **EJEMPLO**

Compra de un solar por importe de 20.000 €, con pago al contado.

Descripción del hecho contable

Hecho	Cuenta	Tipo cuenta	Variación	Valoración	Operación
Adquisición del solar	Terrenos	Activo	Aumento	20.000	Cargar
Pago al contado del solar	Bancos	Activo	Disminución	20.000	Abonar

Continúa en página siguiente >>

<< Viene de página anterior

Asiento contable

Cuenta	Descripción	Debe (EUR)	Haber (EUR)
Terrenos	Compra de solar	20.000	
Bancos	Compra de solar		20.000

👁 EJEMPLO

Se sacan 500 € de la cuenta bancaria de la empresa para tener en la oficina algún efectivo con el que pagar pequeños gastos.

Hecho	Cuenta	Tipo cuenta	Variación	Valoración	Operación
Sacar dinero de la cuenta bancaria	Bancos	Activo	Disminución	500	Abonar
Tener dinero en la oficina	Caja	Activo	Aumento	500	Cargar

Asiento contable

Cuenta	Descripción	Debe (EUR)	Haber (EUR)
Bancos	Aportación de dinero a caja de oficina		500
Caja	Aportación de dinero a caja de oficina	500	

EJEMPLO

Se realiza una venta a un cliente por importe de 9.000 €, de los cuales se cobran 1.500 € al contado mediante una transferencia bancaria y el resto a crédito, aplazando su pago 18 meses.

Descripción del hecho contable

Hecho	Cuenta	Tipo cuenta	Variación	Valoración	Operación
Venta realizada al cliente	Ventas	Ingreso	Aumento	9.000	Abonar
Cobro al contado	Bancos	Activo	Aumento	1.500	Cargar
Cobro a crédito a 18 meses	Clientes	Activo	Aumento	7.500	Cargar

Asiento contable

Cuenta	Descripción	Debe (EUR)	Haber (EUR)
Ventas	Ventas a cliente		9.000
Bancos	Ventas a cliente	1.500	
Clientes	Ventas a cliente	7.500	

EJEMPLO

Se cobra la deuda pendiente del cliente del punto anterior.

Continúa en página siguiente >>

<< Viene de página anterior

Descripción del hecho contable

Hecho	Cuenta	Tipo cuenta	Variación	Valoración	Operación
Reducción de la deuda del cliente	Clientes	Activo	Disminución	7.500	Abonar
Cobro de la deuda	Bancos	Activo	Aumento	7.500	Cargar

Asiento contable

Cuenta	Descripción	Debe (EUR)	Haber (EUR)
Clientes	Cobro deuda pendiente cliente		7.500
Bancos	Cobro deuda pendiente cliente	7.500	

- -

 TAREA 8

El día 15 de mayo de 20X2 se realiza una venta al Cliente Ámbar, S. L., por valor de 3.200 €. El día 30 del mismo mes, el cliente paga la deuda mediante una transferencia bancaria. Registra los asientos contables de las transacciones descritas.

- -

4. Resumen

En contabilidad, una **cuenta** es un elemento conceptual que sirve como representación y medida, a lo largo del tiempo, de un elemento patrimonial o grupo de ellos con características homogéneas. Sus funciones principales son clasificar los elementos patrimoniales y llevar un control del patrimonio. Las cuentas se representan en un esquema en forma de T, en el que su parte izquierda se denomina **Debe** y las anotaciones en ella, **cargar, adeudar** o

debitar; y su parte derecha se denomina **Haber** y las anotaciones en ella, **abonar** o **acreditar.**

Otro término relacionado con la operativa de las cuentas contables es el de **saldo.** Este se define como la diferencia entre la suma del Debe y la suma del Haber de una cuenta determinada. El saldo puede ser **deudor, acreedor** o **nulo** (cero):

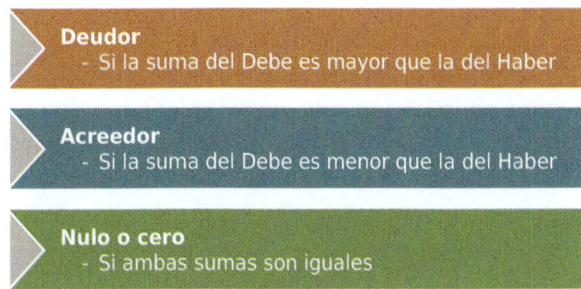

Deudor
- Si la suma del Debe es mayor que la del Haber

Acreedor
- Si la suma del Debe es menor que la del Haber

Nulo o cero
- Si ambas sumas son iguales

Para **saldar** una cuenta hay que realizar una anotación en el Debe o en el Haber para que su saldo sea cero. Si tiene saldo deudor, la anotación se ha de realizar en el Haber por el mismo importe; y si tiene saldo acreedor, se tiene que realizar en el Debe por el mismo importe.

Las anotaciones en las **cuentas de Activo y Pasivo** siguen el siguiente criterio:

Cuentas	Situación inicial	Movimientos	
		Aumentos	**Disminuciones**
De Activo	Debe	Debe	Haber
De Pasivo	Haber	Haber	Debe

Y en las cuentas de ingreso y gasto, el siguiente:

Cuentas	Situación inicial	Movimientos	
		Aumentos	**Disminuciones**
De gastos	Debe	Debe	Haber
De ingresos	Haber	Haber	Debe

A las cuentas de Activo y Pasivo se les llama también **cuentas patrimoniales,** y a las de ingreso y gasto, **cuentas de gestión.**

El método para el registro contable es el de la **partida doble,** que se basa en que toda anotación o registro contable debe realizarse de forma que se mantenga el equilibrio establecido en la ecuación fundamental de la contabilidad. Esta técnica contable se fundamenta en la separación, diferenciación, reciprocidad, correspondencia, equivalencia, consistencia y confrontabilidad.

El **asiento contable** o apunte es cada una de las anotaciones o registros de los hechos contables que se realiza en el Libro diario de contabilidad a través del uso de las cuentas que los representan. Está compuesto por dos partes, Debe y Haber, y la información que ha de mostrar es:

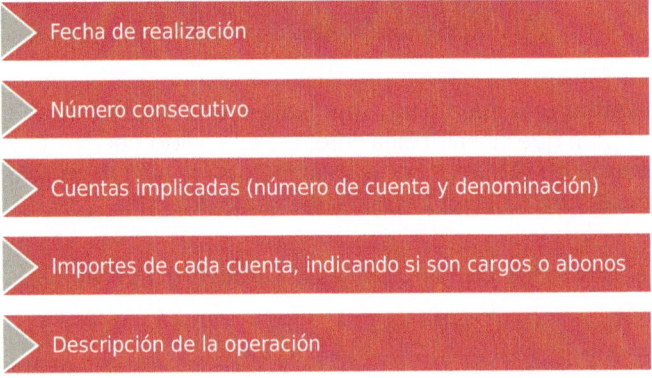

Fecha de realización

Número consecutivo

Cuentas implicadas (número de cuenta y denominación)

Importes de cada cuenta, indicando si son cargos o abonos

Descripción de la operación

Los **tipos de asiento** contable que se utilizan en contabilidad son: de apertura, operativos, de ajuste, de regularización y de cierre.

Ejercicios de autoevaluación
Unidad de Aprendizaje 4

1. **Indica si la siguiente afirmación es verdadera o falsa: "Las cuentas contables son elementos conceptuales que sirven como representación y medida de un elemento patrimonial".**

    ■ Verdadero
    ■ Falso

2. **Las cuentas se representan en un esquema en forma de T. ¿Cómo se llama la parte de la izquierda?**

    a. Abono
    b. Haber
    c. Debe
    d. Cargo

3. **Determina si la siguiente afirmación es verdadera o falsa: "En el Debe de las cuentas de Activo se registran las disminuciones que existan".**

    ■ Verdadero
    ■ Falso

4. **¿Cómo se llama la anotación en el Haber de una cuenta? Selecciona todas las opciones posibles.**

    a. Cargar
    b. Acreditar
    c. Adeudar
    d. Abonar

5. **Si en una cuenta contable la suma del Debe es 400 € y la del Haber 1.000 €, su saldo es...**

    a. ... acreedor por 600 €.
    b. ... nulo por 1.400 €.
    c. ... deudor por 400 €.
    d. ... acreedor por 1.000 €.

6. Determina si la siguiente afirmación es verdadera o falsa: "Para saldar una cuenta con saldo deudor hay que hacer una anotación en el Haber por igual importe".

   ■ Verdadero
   ■ Falso

7. Indica si la siguiente afirmación es verdadera o falsa: "Las cuentas de Activo y Pasivo se denominan también cuentas de gestión".

   ■ Verdadero
   ■ Falso

8. ¿Cómo se registran los movimientos en las cuentas de ingreso? Selecciona todas las opciones correctas.

   a. Los aumentos se anotan en el Haber.
   b. El valor inicial se registra en el Haber.
   c. Las disminuciones van al Debe.
   d. Las entradas se anotan en el Debe.

9. Indica si la siguiente afirmación es verdadera o falsa: "La técnica actual que recoge el método de registro contable es la partida simple".

   ■ Verdadero
   ■ Falso

10. ¿Cómo puede ser el saldo de una cuenta contable?

    a. Nulo
    b. Patrimonial
    c. Deudor
    d. Acreedor

11. ¿Cómo se denomina el asiento contable que sirve para corregir las desviaciones que puedan existir respecto de la realidad?

    a. Operativo.
    b. De ajuste.
    c. De regularización.
    d. De cierre.

El plan general de contabilidad

Contenido

Objetivos

El objetivo general de esta Unidad de Aprendizaje es:

→ Comprender las normas contables que incluye el Plan General de Contabilidad regulado por el Real Decreto 1514/2007.

Los objetivos específicos de esta Unidad de Aprendizaje son:

→ Explicar qué es el Plan General de Contabilidad.

→ Reflexionar sobre la norma legal que contempla el Plan General de Contabilidad.

→ Dominar los principios contables aplicados en la gestión.

→ Aplicar el criterio de valoración adecuado en un caso descrito.

1. Introducción

El proceso de armonización contable iniciado en España hace años tuvo un hito importante con la publicación en 2007 de un nuevo Plan General de Contabilidad (PGC), el cual sustituía al hasta entonces vigente, Plan General de Contabilidad de 1990. Esta reforma obedeció a la necesidad que tenía nuestro país de adaptar sus normas contables a las Normas Internacionales de Contabilidad (NIC/NIFF), tal y como promulgó la Unión Europea.

El PGC de 1990, vigente hasta el 31 de diciembre de 2007, fue modificado para no incurrir en contradicciones con las NIC, además de regular nuevas operaciones, no abordadas en dicho plan. No obstante, en noviembre de 2007 se publicaron los planes de contabilidad que actualmente existen en nuestro ordenamiento jurídico.

La reforma contable reguló con mucho más detalle las operaciones realizadas con instrumentos financieros, cambió la contabilización del impuesto sobre beneficios, estableció nuevos criterios de valoración como el del valor razonable, cambió el tratamiento de las transacciones entre partes vinculadas, estableció un marco conceptual, etc.

Finalmente, el Plan General de Contabilidad se publicó el 20 de noviembre de 2007 con el Real Decreto 1514/2007, de 16 de noviembre, y el Plan General Contable para Pymes, el 21 de noviembre de 2007, con el Real Decreto 1515/2007, de 16 de noviembre.

Como esta normativa es la clave de la contabilización, para conocer cómo se aplica en la práctica empresarial nos basaremos en cómo Laura ayuda a Antonio para que conozca en profundidad el Plan General de Contabilidad y sepa aplicarlo en el registro contable de su empresa Muebles Matís, S. L.

2. Concepto y objetivos del Plan General de Contabilidad

 **HILO CONDUCTOR**

Antonio ya ha captado los conceptos básicos para saber registrar operaciones en la contabilidad de su empresa, pero ha escuchado que esto se debe realizar

Continúa en página siguiente >>

<< Viene de página anterior

siguiendo una norma llamada Plan General de Contabilidad (PGC). Laura le explica en primer lugar qué es el PGC, cuál es la normativa española que lo regula y los objetivos que se persiguen con su aplicación.

- -

Con el Plan General de Contabilidad se persigue la **normalización contable** que permite efectuar estudios comparativos entre empresas y realizar análisis sectoriales; elaborar cuadros macroeconómicos que ayudan a la contabilidad nacional, y por tanto, a la ejecución de la política económica, y permite que las empresas suministren información clara.

 PARA SABER MÁS

Para comprender un poco mejor lo que es la normalización contable, accede al siguiente vídeo en el que se muestra información sobre este concepto:

https://redirectoronline.com/adgd037po0501

- -

El **Plan General de Contabilidad (PGC)** es el texto legal que regula las normas de contabilidad de las empresas en España. Se encuentra recogido en el **Real Decreto 1514/2007, de 16 de noviembre,** desarrollando en modo de reglamento la Ley 16/2007 de reforma y adaptación de la legislación mercantil en materia contable para su armonización internacional con base en la normativa de la Unión Europea.

La **finalidad** del Plan General de Contabilidad es armonizar los datos económico-financieros de la empresa y sus principales **objetivos** son:

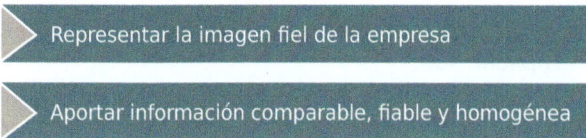

Representar la imagen fiel de la empresa

Aportar información comparable, fiable y homogénea

 **VÍDEO**

El Plan General de Contabilidad es la norma principal en el ámbito contable. Accede al siguiente vídeo en el que se explica de forma resumida qué es el PGC, su finalidad y sus objetivos:

https://redirectoronline.com/adgd037po0502

3. Características del Plan General de Contabilidad

 HILO CONDUCTOR

Siguiendo con la explicación del PGC, Laura informa a Antonio de las principales características que debe conocer para tener un conocimiento pleno y correcto de esta norma tan importante en el ámbito contable. Además, le facilita algunas páginas web y enlaces interesantes para que los tenga de ayuda.

Las **características** que presenta el Plan General de Contabilidad que las empresas aplican son:

- **Aplicación:** su aplicación es obligatoria para todas las empresas, sin tener en cuenta su forma jurídica.
- **Estructura:** su estructura, formada por cinco partes bien diferenciadas, incluye principios, normas, modelos y procedimientos contables.
- **Tipo:** es una norma abierta, sujeta a cambios normativos como consecuencia de reformas contables producidas.
- **Carácter:** tiene carácter flexible, al ser susceptible de interpretaciones por parte de los usuarios debido a la variedad de actividades empresariales. No es una norma estática al ser posible la ampliación del cuadro de cuentas recogido en la parte cuarta, según las necesidades de la empresa.
- **Calificación:** es la norma contable principal, aunque existen adaptaciones sectoriales de determinadas actividades, que tienen su mismo rango.

NOTA

Aunque el Real Decreto 1514/2007 es la norma contable principal, en la legislación española también existe el Real Decreto 1515/2007, exclusivo para las pymes y las microempresas.

Las pymes y las microempresas pueden acogerse, de forma voluntaria, al Plan General de Contabilidad para Pymes regulado en el **Real Decreto 1515/2007, de 16 de noviembre.** Desde el punto de vista contable, las pymes y las microempresas son aquellas que cumplen, durante dos ejercicios consecutivos cerrados, al menos dos de las siguientes circunstancias:

Pymes
- Que su activo no supere 4.000.000 €.
- Que su cifra de negocios no supere 8.000.000 €.
- Que la media de trabajadores empleados no supere 50.
- Pero siempre que:
  - No coticen en bolsa.
  - No pertenezcan a un grupo que, en conjunto, no cumpla con las condiciones anteriores, aunque la empresa aisladamente sí que las cumpla.
  - No pertenezcan a un grupo de empresas que deba formular cuentas anuales consolidadas.

Continúa en página siguiente >>

<< Viene de página anterior

> **Microempresas**
> - Que su activo no supere 1.000.000 €.
> - Que su cifra de negocios no supere 2.000.000 €.
> - Que la media de trabajadores empleados no supere 10.

Tanto las microempresas como las pymes pueden escoger entre el PGC o el PGC de pymes, debiendo mantenerse en el plan escogido durante tres ejercicios, salvo que obligatoriamente deban pasar al PGC, por haber aumentado su tamaño y no cumplir dos de las tres condiciones antes indicadas para las pymes.

 APLICACIÓN PRÁCTICA

Alicia empieza a trabajar como contable en una empresa. Sus compañeros le han facilitado el nombre de la normativa que puede serle de ayuda en su tarea. ¿Cuál será?

Solución

La contabilidad en España se rige por distintas normas, resoluciones del ICAC y adaptaciones sectoriales. El Plan General de Contabilidad, regulado por el Real Decreto 1514/2007, es la norma principal. Sin embargo, las pymes y microempresas también pueden acogerse de forma voluntaria al PGC de Pymes aprobado por el Real Decreto 1515/2007, de modo que las empresas que cumplan los requisitos que en él se establecen pueden simplificar los criterios de registro, valoración e información a incluir en la memoria.

 TAREA 9

En la primera clase que Juan imparte como profesor de administración contable, ha creído conveniente hacer un resumen de lo que es el Plan General de Contabilidad, sus objetivos y sus características. ¿Qué contenido tendrá el resumen?

4. Estructura del Plan General de Contabilidad

👉 HILO CONDUCTOR

Antonio se ha descargado de internet la normativa que le ha indicado Laura, el Real Decreto 1514/2007. Le ha echado un vistazo y ha podido comprobar que su estructura está compuesta por varias partes muy bien diferenciadas. Todas las dudas que le van surgiendo sobre esta estructura se las plantea a Laura y esta se las resuelve.

La estructura del Plan General de Contabilidad está formada por **cinco partes.** Las tres primeras son de obligado cumplimiento para la empresa, mientras que las dos siguientes son voluntarias:

Primera parte. Marco conceptual de la contabilidad
Segunda parte. Normas de registro y valoración
Tercera parte. Cuentas anuales
Cuarta parte. Cuadro de cuentas
Quinta parte. Definiciones y relaciones contables

SABÍAS QUE...

La estructura del Plan General de Contabilidad para la pequeña y mediana empresa tiene los mismos apartados en su estructura y su contenido; se diferencian levemente.

4.1. Marco conceptual de la contabilidad

El **Marco conceptual de la contabilidad** es la parte obligatoria del plan que trata de delimitar los conceptos necesarios para elaborar la información financiera requerida en los estados financieros. Se divide en los siguientes apartados:

➲ **Cuentas anuales. Imagen fiel:** en este apartado se especifican los documentos que integran las cuentas anuales y la necesidad de aplicar requisitos, principios y criterios contables para mostrar la imagen fiel del patrimonio, de la situación financiera y de los resultados de la empresa.

Las cuentas anuales están compuestas por los siguientes documentos: Balance de situación, Cuenta de pérdidas y ganancias, Estado de cambios en el Patrimonio neto (ECPN), Estado de flujos de efectivo (EFE) y Memoria.

Estos documentos forman una unidad, aunque, el Estado de cambios en el Patrimonio neto y el Estado de flujos de efectivo no serán obligatorios para las empresas que puedan formular Balance y Memoria abreviados.

➲ **Requisitos de la información a incluir en las cuentas anuales:** la información que dan las cuentas anuales debe cumplir con los siguientes requisitos:

↻ Relevancia: ser útil para la toma de decisiones.
↻ Fiabilidad: estar libre de errores materiales y ser neutral.

Adicionalmente debe cumplir con las siguientes cualidades:

↻ Comparabilidad: deben ser comparables en el tiempo para una misma empresa, así como ser comparables en un mismo momento para distintas empresas, lo que requiere que todas se hagan siguiendo los mismos principios y criterios.
↻ Integridad: se deriva del cumplimiento del requisito de fiabilidad, ya que si la información es fiable, las cuentas anuales se consideran íntegras.
↻ Claridad: que los usuarios, mediante un examen de la información, puedan formarse juicios de valor que les permitan tomar decisiones.

➲ **Principios contables:** los principios contables de obligado cumplimiento son:

↻ Empresa en funcionamiento.
↻ Devengo.
↻ Uniformidad.
↻ Prudencia.
↻ No compensación.
↻ Importancia relativa.

➲ **Elementos de las cuentas anuales:** en este apartado se incluye una pequeña definición de los elementos que forman parte tanto del Balance como de la Cuenta de pérdidas y ganancias. Así, pertenecen a cada estado contable los siguientes elementos:

◖ Balance:

　↕ Activo.
　↕ Pasivo.
　↕ Patrimonio neto.

◖ Cuenta de pérdidas y ganancias:

　↕ Ingreso.
　↕ Gasto.

➲ **Criterios de registro o reconocimiento contable de los elementos de las cuentas anuales:** los criterios de registro o reconocimiento contable de los elementos de las cuentas anuales son los criterios que permiten la incorporación de los elementos patrimoniales a los estados contables que integran las cuentas anuales de la empresa. Aunque en la segunda parte del PGC se especifican para cada tipo de elemento los criterios de registro o reconocimiento contable, en este apartado se indican los criterios generales:

◖ Que cumplan la definición que hay de ellos.
◖ Que cumplan los criterios de probabilidad en la obtención o cesión de recursos que supongan beneficios o rendimientos económicos.
◖ Que pueda determinarse su valor con un adecuado grado de fiabilidad.

➲ **Criterios de valoración:** los criterios de valoración que incluye el PGC son:

◖ Coste histórico.
◖ Valor razonable.
◖ Valor neto realizable.
◖ Valor actual.
◖ Valor en uso.
◖ Costes de venta.
◖ Coste amortizado.
◖ Costes de transacción atribuibles a un Activo o Pasivo financiero.
◖ Valor contable o en libros.
◖ Valor residual.

⊃ **Principios y normas de contabilidad generalmente aceptados:** el último apartado del marco conceptual recoge cuáles se consideran los principios y normas de contabilidad generalmente aceptados. Estos son:

- ☉ Código de Comercio y la restante legislación mercantil.
- ☉ Plan General de Contabilidad de Pequeñas y Medianas Empresas.
- ☉ Plan General de Contabilidad y sus adaptaciones sectoriales.
- ☉ Normas de desarrollo que, en materia contable, establezca en su caso el ICAC.
- ☉ Resto de legislación española que sea específicamente aplicable.

 CONSEJO

En la contabilización de las operaciones, es conveniente tener al lado un PGC que sirva de base y consulta ante cualquier duda que pueda surgir.

A la hora de valorar los elementos que se incluirán en la contabilidad y de registrar las operaciones que con ellos se realizan, se deben cumplir de forma obligatoria unos **principios contables,** cuya aplicación conduce a que se pueda cumplir con los requisitos y cualidades de la información y conseguir de esa manera reflejar la imagen fiel del patrimonio, la situación financiera y los resultados de la empresa.

Los principios contables son la columna vertebral del cuerpo normativo contable y son:

Empresa en funcionamiento
- Se considera que la gestión de la empresa continuará en un futuro previsible, por lo que la aplicación de los principios contables no va encaminada a determinar el valor del patrimonio a efectos de su enajenación global o parcial ni el importe resultante en caso de liquidación.

Devengo
- La imputación de ingresos y gastos debe hacerse en función de la corriente real de bienes y servicios que los mismos representan, es decir, cuando se produzca la transacción, con independencia del momento en que tenga lugar la corriente monetaria o financiera derivada de ellos.

Continúa en página siguiente >>

<< Viene de página anterior

Uniformidad
- Adoptado un criterio en la aplicación de los principios contables dentro de las alternativas que, en su caso, estos permitan, debe mantenerse a lo largo del tiempo y aplicarse a todos los elementos patrimoniales que tengan las mismas características, en tanto no se alteren los supuestos que motivaron la elección de dicho criterio.

Prudencia
- Se debe ser prudente en las estimaciones y valoraciones a realizar en condiciones de incertidumbre. Únicamente se contabilizarán los beneficios obtenidos hasta la fecha de cierre del ejercicio. Por el contrario, se debe tener en cuenta todos los riesgos, con origen en el ejercicio o en otro anterior, tan pronto sean conocidos. Esto viene a decir que los ingresos son contabilizados cuando se realicen, mientras que los gastos, aún sin haberse producido, solo con prever que son posibles, podrán contabilizarse.

Importancia relativa
- Podrá admitirse que no se apliquen estrictamente algunos de los principios contables siempre y cuando la importancia relativa en términos cuantitativos de la variación que tal hecho produzca sea escasamente significativa y, en consecuencia, no altere las cuentas anuales como expresión de la imagen fiel.

No compensación
- No pueden compensarse las partidas del Activo y del Pasivo del Balance, ni las de gastos e ingresos que integran la Cuenta de pérdidas y ganancias, establecidos en los modelos de las cuentas anuales, salvo que una norma lo regule de forma expresa. Se valoran separadamente los elementos integrantes de las cuentas anuales.

 **EJEMPLO**

Una empresa A es a la vez cliente y proveedor de otra B. Imagínese que B le compra materia prima y que A, a su vez, compra a B los productos terminados. La empresa B no podrá compensar su saldo como cliente con su saldo como proveedor, sino que deberán mantenerse ambos y tratarlos de forma separada. En este caso se está aplicando el principio de no compensación.

 **APLICACIÓN PRÁCTICA**

Si antes de cerrar un ejercicio, una empresa está inmersa en un litigio y se tiene la idea de que podría tener que pagar cierto dinero si lo pierde, con dudas razonables de que esto pudiera suceder, podría contabilizarse un gasto basado en este hecho. ¿Qué principio ha aplicado la empresa?

Solución

El principio de prudencia establece que se debe ser prudente en las estimaciones y valoraciones a realizar en condiciones de incertidumbre. Los ingresos solo se contabilizan cuando se realicen. Sin embargo, los gastos se pueden contabilizar incluso cuando solo se prevea que van a suceder.

En el marco conceptual se hace referencia también a los **distintos criterios de valoración para los elementos que integran las cuentas anuales.** Valorar no es otra cosa que la asignación de un valor monetario, a efectos de que los distintos elementos estén expresados en términos homogéneos. En la segunda parte del PGC, se especifica para cada elemento qué criterio de valoración ha de usarse, y son:

- **Coste histórico:** hace referencia a su precio de adquisición o coste de producción.
- **Valor razonable:** es el precio que se recibiría por la venta de un Activo o se pagaría para transferir o cancelar un Pasivo.
- **Valor neto realizable:** el valor neto realizable de un Activo es el importe que se puede obtener por su venta deduciendo los costes necesarios para ella. Si se trata de las materias primas y de los productos en curso, los costes son los de producción, construcción o fabricación.
- **Valor actual:** es el importe que se paga por un Activo o se recibe por un Pasivo en la actividad normal de la empresa, actualizados a un tipo de descuento adecuado.
  Valor actual $= C_1 \cdot (1+i)^{-1} + C_2 \cdot (1+i)^{-2} + C_3 \cdot (1+i)^{-3} + C_4 \cdot (1+i)^{-4} + \ldots \ldots + C_n \cdot (1+i)^{-n}$
- **Valor en uso:** según el PGC, "El valor en uso de un activo o de una unidad generadora de efectivo es el valor actual de los flujos de efectivo futuros esperados, a través de su utilización en el curso normal del negocio y, en su caso, de su enajenación u otra forma de disposición, teniendo en cuenta su estado actual y actualizados a un tipo de interés de mercado sin riesgo, ajustado por los riesgos específicos del activo que no hayan ajustado las estimaciones de flujos de efectivo futuros".

- **Costes de venta:** son los costes directos de la venta de un Activo, excluidos los gastos financieros y los impuestos sobre beneficios. En este valor se incluyen los gastos legales para la transferencia de la propiedad y las comisiones de venta.
- **Coste amortizado:** se corresponde con la valoración inicial del Activo o Pasivo financiero menos los reembolsos del principal producidos, más o menos la parte imputada del Activo o Pasivo financiero en la Cuenta de pérdidas y ganancias, mediante el método del tipo de interés efectivo.
- **Costes de transacción atribuibles a un Activo o Pasivo financiero:** según el PGC "Son los costes incrementales directamente atribuibles a la compra, emisión, enajenación u otra forma de disposición de un activo financiero, o a la emisión o asunción de un pasivo financiero, en los que no se habría incurrido si la empresa no hubiera realizado la transacción".
- **Valor contable o en libros:** es el importe neto por el que está registrado un Activo o un Pasivo en el Balance una vez deducidas las correcciones valorativas correspondientes (amortización y deterioro).
- **Valor residual:** es el importe que la empresa prevé que puede obtener por la venta de un activo, una vez deducidos los costes de venta y teniendo en cuenta su vida útil.

 SABÍAS QUE...

El más usual de estos criterios es el de coste histórico, por el cual un elemento se valora a su precio de adquisición (lo que se paga por él) o coste de producción (precio de adquisición de materias primas y otros consumibles más los costes directos e indirectos de producción).

 **EJEMPLO**

Una empresa posee dos activos:

- Un vehículo, sobre el que se estima que actualmente se vendería en el mercado, como bien usado, por un precio de 12.000 €. Además, es necesario para venderlo incurrir en unos gastos de 1.000 € (publicidad e intermediarios).
- Productos en curso, que una vez terminados tendrían un precio de venta en el mercado de 9.000 €. Los costes necesarios para terminar su producción se calculan en 2.500 €.

Continúa en página siguiente >>

<< Viene de página anterior

La empresa quiere conocer el Valor neto realizable de cada uno de ellos y realiza los siguientes cálculos:

- En el caso del vehículo, al precio de venta estimado se le detraerán los gastos necesarios para ello. De ahí que:

  Valor neto realizable (vehículo) = 12.000 - 1.000 = 11.000 €

- Para los productos en curso se tendrá en cuenta su precio de venta en el mercado y los costes de producción necesarios para su finalización:

  Valor neto realizable (productos en curso) = 9.000 - 2.500 = 6.500 €

<o> EJEMPLO

Una empresa tiene previsto vender un camión que adquirió por 40.000 € y está amortizado en el 75 % de su valor, habiendo incurrido en los siguientes gastos:

- Prima de seguro: 1.000 €.
- Puesta a punto: 580 €.
- Gastos de gestoría: 300 €.

El precio de venta fijado es de 15.000 € y el tipo de gravamen del impuesto sobre sociedades es del 25 %.

Para determinar el coste de venta teniendo en cuenta estos datos, solo se considerarán los costes directamente atribuibles a ella. Estos ascienden a 880 € y se corresponden con:

- Puesta a punto del camión: 580 €.
- Gastos de gestoría: 300 €.

Ambos son gastos en los que la empresa no habría incurrido de no haber tomado la decisión de vender, siendo directamente atribuibles a la venta.

Continúa en página siguiente >>

<< Viene de página anterior

Por otro lado, no son costes de venta:

- El seguro (1.000 €), ya que la empresa habría tenido que pagarlo aunque no lo hubiera vendido.
- El impuesto sobre sociedades:
Precio de venta = 15.000 €
Valor contable = Importe neto - Amortizaciones - Deterioros = 40.000 - (40.000 × 75 %) = 10.000 €
Beneficio = Precio de venta - Valor contable = 15.000 € - 10.000 € = 5.000 €
Impuesto = (25 % s/5.000 €) = 1.250 €

ACTIVIDAD COMPLEMENTARIA

6. Aplica el criterio de valoración adecuado según el supuesto planteado:

Una empresa adquiere una maquinaria por importe de 185.000 €. El proveedor aplica un descuento en factura de 2.000 €. El transporte y el seguro del viaje hasta el almacén corren a cuenta del cliente, ascendiendo a 9.500 €. Para su instalación se han contratado a unos técnicos que facturaron el importe de 2.500 € por el servicio realizado.

Atendiendo a uno de los criterios de valoración regulados en el PGC (Real Decreto 1514/2007), ¿cuál es el precio de adquisición de la maquinaria?

TAREA 10

La empresa *Marketing* Moreno, S. L., necesita calcular el valor neto realizable de los siguientes bienes:

a. Una maquinaria, que puede ser vendida actualmente en el mercado como bien usado, por importe de 15.550 €, considerando que los gastos necesarios para su posible venta se estiman en 1.000 €.

Continúa en página siguiente >>

<< Viene de página anterior

b. Un producto en curso, que una vez terminado tendría un precio de venta en el mercado de 5.630 €. Los costes necesarios para terminar su producción se calculan en 1.260 €.

 TAREA 11

La sociedad Carpintería Martínez, S. A., vende mercaderías a crédito a un cliente. La operación se formaliza en dos pagarés por importe de 2.500 € y 3.000 € respectivamente, cuyo vencimiento es de 1 y 2 años. El tipo de descuento adecuado para estas operaciones es del 2 %. A la sociedad le gustaría conocer qué cantidad recibiría por los dos pagarés en el momento actual.

4.2. Normas de registro-valoración y cuentas anuales

La segunda parte del PGC hace referencia a las normas de valoración de obligado cumplimiento y desarrollan los principios contables y otras disposiciones contenidas en el marco conceptual. Existen **23 normas de registro y valoración** (el PGC de Pymes tiene 22) para los siguientes elementos:

1	Desarrollo del marco conceptual de la contabilidad.
2	Inmovilizado material.
3	Normas particulares sobre inmovilizado material.
4	Inversiones inmobiliarias.
5	Inmovilizado intangible.
6	Normas particulares sobre el inmovilizado intangible.
7	Activos no corrientes y grupos enajenables de elementos, mantenidos para la venta.
8	Arrendamientos y otras operaciones de naturaleza similar.
9	Instrumentos financieros.

Continúa en página siguiente >>

<< Viene de página anterior

10	Existencias.
11	Moneda extranjera.
12	Impuesto sobre el valor añadido (IVA), impuesto general indirecto canario (IGIC) y otros impuestos indirectos.
13	Impuestos sobre beneficios.
14	Ingresos por ventas y prestación de servicios.
15	Provisiones y contingencias.
16	Pasivos por retribuciones a largo plazo al personal.
17	Transacciones con pagos basados en instrumentos de patrimonio.
18	Subvenciones, donaciones y legados recibidos.
19	Combinaciones de negocios.
20	Negocios conjuntos.
21	Operaciones entre empresas del grupo.
22	Cambios en criterios contables, errores y estimaciones contables.
23	Hechos posteriores al cierre del ejercicio.

La tercera parte del PGC, cuentas anuales, recoge las **normas de elaboración de las cuentas anuales y los modelos** de los documentos que conforman las mismas, en sus dos modalidades (normal y abreviada). Esta parte también es de obligado cumplimiento y los apartados que se incluyen en ella son:

➲ NORMAS DE ELABORACIÓN DE LAS CUENTAS ANUALES

- ↻ 1.ª Documentos que integran las cuentas anuales.
- ↻ 2.ª Formulación de cuentas anuales.
- ↻ 3.ª Estructura de las cuentas anuales.
- ↻ 4.ª Cuentas anuales abreviadas.
- ↻ 5.ª Normas comunes al Balance, la Cuenta de pérdidas y ganancias, el Estado de cambios en el patrimonio neto y el Estado de flujos de efectivo.
- ↻ 6.ª Balance.
- ↻ 7.ª Cuenta de pérdidas y ganancias.
- ↻ 8.ª Estado de cambios en el patrimonio neto.
- ↻ 9.ª Estado de flujos de efectivo.
- ↻ 10.ª Memoria.

- 11.ª Cifra anual de negocios.
- 12.ª Número medio de trabajadores.
- 13.ª Empresas del grupo, multigrupo y asociadas.
- 14.ª Estados financieros intermedios.
- 15.ª Partes vinculadas.

⮕ MODELOS NORMALES DE CUENTAS ANUALES

- Balance al cierre del ejercicio 200X.
- Cuenta de pérdidas y ganancias correspondiente al ejercicio terminado el ... de 200X.
- Estado de cambios en el patrimonio neto correspondiente al ejercicio terminado el ... de 200X.
- Estado de flujos de efectivo correspondiente al ejercicio terminado el ... de 200X.
- Memoria. Contenido de la Memoria.

⮕ MODELOS ABREVIADOS DE CUENTAS ANUALES

- Balance abreviado al cierre del ejercicio 200X.
- Cuenta de pérdidas y ganancias abreviada correspondiente al ejercicio terminado el ... de 200X.
- Estado abreviado de cambios en el patrimonio neto correspondiente al ejercicio terminado el ... de 200X.
- Contenido de la Memoria abreviada.

 PARA SABER MÁS

Estas dos partes del Plan General de Contabilidad incluyen normas de registro y de elaboración de las cuentas anuales, relevantes en las tareas contables. Accede al siguiente enlace de la normativa para conocer su contenido:

https://redirectoronline.com/adgd037po0503

ACTIVIDAD COMPLEMENTARIA

7. Estudia el caso expuesto y responde a la cuestión planteada:

Francisco ha realizado una operación en dólares y en el momento de contabilizarla desconoce cómo se debe valorar. ¿Qué norma de valoración del PGC debe consultar? Explica el criterio de valoración que ha de seguir.

- -

4.3. Cuadro de cuentas y definiciones y relaciones contables

Las partes del PGC que **no son de obligado cumplimiento** incluyen el cuadro de cuentas (cuarta parte) y las definiciones y relaciones contables (quinta parte).

Cuadro de cuentas	Definiciones y relaciones contables
- Recoge, a título orientativo, los grupos, subgrupos y cuentas comúnmente usados, codificados en forma decimal y con un título expresivo de su contenido.	- Incluye las definiciones y los movimientos habituales de las cuentas contables que integran el cuadro de cuentas, es decir, los criterios de cargo y abono, y su relación con las cuentas anuales. Tiene carácter informativo.

 RECUERDA

En el PGC, el marco conceptual, las normas de valoración y las cuentas anuales (partes 1, 2 y 3) son de obligado cumplimiento, mientras que el cuadro de cuentas y las definiciones y relaciones contables (partes 4 y 5) son opcionales.

- -

5. Los grupos de cuentas del PGC

 **HILO CONDUCTOR**

Antonio ha llegado a la cuarta parte del PGC que trata el cuadro de cuentas, pero no entiende bien cómo utilizarlo. Laura le explica que en el registro contable se utilizan las cuentas, que son los códigos con 3 dígitos, o las subcuentas con 4 dígitos, dependiendo del desglose que quiera mostrar.

Los grupos de cuentas que se incluyen en el Plan General de Contabilidad tienen una estructura organizada según una codificación. El sistema de codificación más extendido es el decimal. Desde unos conceptos con características y propiedades similares (**los grupos**) se pueden ir haciendo divisiones más concretas (**los subgrupos**) hasta llegar a las **cuentas,** que son las que se usan como unidad de medida y representación contable a través de los asientos, o incluso **subcuentas** si las necesidades de la empresa lo requieren.

Los grupos se representan por una cifra del 0 al 9; los subgrupos por dos cifras, siendo la primera de ellas la del grupo al que pertenece; las cuentas llevarán tres cifras, de las que las dos primeras serán las del subgrupo en que estén incluidas, y así, sucesivamente.

👁 **EJEMPLO**

En el siguiente desglose del grupo 7 se ve de forma clara la estructura en cascada que plantea el sistema decimal.

Grupo	7	Ventas e ingresos.
Subgrupo	76	Ingresos financieros.
Cuenta	762	Ingresos de créditos.
Subcuenta	7620	Ingresos de créditos a largo plazo.

El vigente PGC se compone de **9 grupos.** Los 5 primeros grupos contienen cuentas de balance, mientras que los 4 últimos son cuentas de gestión.

Grupo 1: Financiación básica
Grupo 2: Activo no corriente
Grupo 3: Existencias
Grupo 4: Acreedores y deudores por operaciones comerciales
Grupo 5: Cuentas financieras
Grupo 6: Compras y gastos
Grupo 7: Ventas e ingresos
Grupo 8: Gastos imputados al patrimonio neto
Grupo 9: Ingresos imputados al patrimonio neto

 NOTA

Estos son los grupos y subgrupos que el PGC contempla para las empresas en general. Las adaptaciones sectoriales, por las características especiales que presentan los negocios para los que se desarrollan, presentan un esquema distinto de subgrupos y cuentas.

 PARA SABER MÁS

La cuarta parte del PGC recoge el cuadro de cuentas que la empresa puede utilizar en la contabilización de sus operaciones. Accede al siguiente PDF extraído del Real Decreto 1514/2007, de 16 de noviembre, para consultar solo el cuadro de cuentas.

https://redirectoronline.com/adgd037po0504

6. Resumen

El Plan General de Contabilidad (PGC) es el texto legal que **regula las normas de contabilidad** que las empresas españolas aplican. Existen dos planes de contabilidad en nuestra legislación: el **Real Decreto 1514/2007, de 16 de noviembre,** de aplicación obligatoria para todas las empresas; y el **Real Decreto 1515/2007, de 16 de noviembre,** cuya aplicación es voluntaria y específica para las pymes y microempresas que cumplan determinados requisitos.

La **finalidad** del Plan General de Contabilidad es armonizar los datos económico-financieros de la empresa. Sus principales **objetivos** son representar la imagen fiel de la empresa y suministrar información comparable, fiable y homogénea.

Las principales **características** del PGC son:

- ➲ Es de aplicación obligatoria.
- ➲ Su estructura está formada por cinco partes bien diferenciadas.
- ➲ Es una norma abierta al estar sujeta a cambios normativos.
- ➲ Tiene carácter flexible, al ser susceptible de interpretaciones.
- ➲ No es una norma estática, ya que su cuadro de cuentas puede ser ampliado si lo requiere la empresa.
- ➲ Es la norma contable principal aunque existen adaptaciones sectoriales.

La **estructura** del Plan General de Contabilidad está formada por las siguientes partes:

1ª. Marco conceptual de la contabilidad

- Los apartados que incluye son: Cuentas anuales. Imagen fiel; Requisitos de la información a incluir en las cuentas anuales; Principios contables; Elementos de las cuentas anuales; Criterios de registro contable de los elementos de las cuentas anuales; Criterios de valoración, y Principios y normas de contabilidad generalmente aceptados.

2ª. Normas de registro y valoración

- Es un conjunto de 23 normas de valoración obligatorias relacionadas con elementos del marco conceptual.

Continúa en página siguiente >>

<< Viene de página anterior

3ª. Normas de elaboración de las cuentas anuales

- Incluye las normas obligatorias para crear las cuentas anuales, además de los modelos de los documentos que las integran.

4ª. Cuadro de cuentas

- La información que contiene no es de obligado cumplimiento y recoge los grupos, subgrupos y cuentas de uso habitual.

5ª. Definiciones y relaciones contables

- Recoge los movimientos más habituales de las cuentas que forman el cuadro de cuentas. Tiene carácter informativo.

En el PGC los **grupos de cuentas** tienen una estructura organizada según una codificación que sigue el sistema decimal. Existen grupos, subgrupos, cuentas y subcuentas. Los grupos que integran el PGC son **9.**

Ejercicios de autoevaluación
Unidad de Aprendizaje 5

1. ¿Cuál es la finalidad del Plan General de Contabilidad?

    a. Registrar las operaciones financieras de la empresa.
    b. Representar la imagen fiel de la empresa.
    c. Armonizar los datos económico-financieros de la empresa.
    d. Suministrar información fiable, comparable y homogénea.

2. Para que una empresa sea considerada como pyme, ¿qué requisitos debe cumplir?

    a. No cotice en bolsa.
    b. Su Activo sea inferior a un millón de euros.
    c. La media de trabajadores no sea superior a cincuenta.
    d. La cifra de negocio sea inferior a ocho millones de euros.

3. ¿Cuáles de las siguientes partes del PGC no son de obligado cumplimiento?

    a. Definiciones y relaciones contables.
    b. Marco conceptual de la contabilidad.
    c. Cuadro de cuentas.
    d. Cuentas anuales.

4. La estructura del Plan General de Contabilidad está formada por cinco partes. ¿Qué contiene la parte tercera?

    a. Marco conceptual de la contabilidad.
    b. Normas de registro y valoración.
    c. Cuentas anuales.
    d. Cuadro de cuentas.

5. Cuando en contabilidad se adopta un criterio en la aplicación de los principios contables, se debe mantener en el tiempo y debe aplicarse a los elementos patrimoniales con las mismas características. ¿A qué principio se está haciendo referencia?

    a. Importancia relativa.
    b. Uniformidad.
    c. No compensación.
    d. Devengo.

6. Indica si la siguiente afirmación es verdadera o falsa: "Entre los elementos patrimoniales que se incluyen en las cuentas anuales están los ingresos y los gastos".

    ■ Verdadero
    ■ Falso

7. ¿Qué criterio de valoración hace referencia al precio de adquisición o coste de producción de un bien?

    a. Valor contable.
    b. Valor neto realizable.
    c. Valor en uso.
    d. Coste histórico.

8. Determina si la siguiente afirmación es verdadera o falsa: "El Código Civil es una norma de contabilidad generalmente aceptada".

    ■ Verdadero
    ■ Falso

9. ¿Cuáles de las siguientes opciones son normas de registro y valoración del PGC?

    a. Impuestos directos.
    b. Inversiones inmobiliarias.
    c. Ingresos por ventas y prestación de servicios.
    d. Inmovilizado intangible.

10. **¿Qué grupos del cuadro de cuentas del PGC contienen cuentas de balance?**

      a. Grupo 1. Financiación básica.

      b. Grupo 6. Compras y gastos.

      c. Grupo 5. Cuentas financieras.

      d. Grupo 9. Ingresos imputados al Patrimonio neto.

El ciclo contable

Contenido

Objetivos

El objetivo general de esta Unidad de Aprendizaje es:

→ Conocer el proceso contable que la empresa debe llevar en todo un periodo económico.

Los objetivos específicos de esta Unidad de Aprendizaje son:

→ Registrar el asiento de apertura al inicio del ciclo contable.

→ Anotar los asientos de gestión en el Libro diario.

→ Elaborar el Balance de comprobación.

→ Contabilizar los asientos derivados del cierre del ejercicio económico.

1. Introducción

Una vez identificados los hechos contables ocurridos en la empresa, se generan los correspondientes documentos mercantiles, que sirven para que los hechos queden reflejados en contabilidad de forma cuantitativa y en un periodo de tiempo determinado. Este podría ser el inicio del ciclo contable.

Este proceso cíclico registra las operaciones que se han ocasionado en el transcurso de un ejercicio contable para, una vez finalizado, conocer el resultado obtenido y así tener una idea de la marcha del negocio. Para ello, se toma como base legal los distintos reales decretos que conforman la normativa contable: el Real Decreto 1514/2007 y el Real Decreto 1515/2007.

Para comprender el ciclo contable, nos basaremos en la contabilización que realiza Laura en la empresa Muebles Matís, S. L.

2. Ciclo contable

☞ HILO CONDUCTOR

Laura ha informado a Antonio que, en el registro contable, se tienen que seguir una serie de pasos que conforman el ciclo contable. Su realización en el orden correcto garantizará una contabilización adecuada y así se conseguirá obtener la información relevante que esta herramienta debe suministrar a la empresa.

En contabilidad, se conoce como **ciclo contable** al conjunto de procesos que la empresa debe realizar dentro de un ejercicio económico que generalmente coincide con el año natural, con la finalidad de analizar y elaborar la información sobre el resultado obtenido en el periodo, así como conocer la situación patrimonial y económico-financiera al final del mismo.

Las **fases** que comprende el ciclo contable son:

 **DEFINICIÓN**

Libro diario
Es aquel en el que se registran día a día las transacciones llevadas a cabo por la empresa.

Libro mayor
Es aquel en el que se resume el detalle de operaciones realizadas, por cuenta contable.

3. Inventario inicial

☞ **HILO CONDUCTOR**

Lo primero que hicieron los trabajadores de la empresa a principios de año fue realizar un recuento físico de todo lo que había, desde el material de oficina hasta la producción almacenada. Una vez cuantificado, se valoró. De esta forma, Laura tuvo una primera aproximación del valor del patrimonio de la empresa.

Cuando se inicia el ciclo contable lo primero que hay que conocer es el patrimonio que la empresa tiene en ese momento concreto. El **análisis patrimonial** es una práctica esencial, ya que se puede obtener la situación neta de la empresa en un momento determinado. Este análisis es, por un lado, **cualitativo,** pues consiste en un estudio del patrimonio a través de un recuento físico o reconocimiento de lo que se tiene o se debe; y por otro lado, es **cuantitativo,** al ser la conversión en términos monetarios de los elementos resultantes del análisis cualitativo.

De todo este análisis se obtiene el **inventario** de la empresa, relación detallada del patrimonio de la empresa. Existen diversos **tipos** en función de los siguientes criterios:

Según el momento en el que se realice
- **Inicial:** aquel que se realiza por primera vez cuando se inicia una actividad o una contabilidad.
- **Final:** el que se realiza al acabar cada ejercicio económico.
- **Extraordinario:** aquel que se realiza de manera excepcional, por diversas causas, como la extinción del negocio, problemas de cuadres de cuentas, etc.

Según su contenido
- **General:** contempla la totalidad de los elementos patrimoniales de que se dispongan.
- **Parcial:** centrado específicamente en un tipo de elemento patrimonial. El ejemplo más claro es el inventario de existencias, aunque puede ser de cualquier otra partida: de clientes, de deudas con organismos oficiales, etc.

 SABÍAS QUE...

Es habitual realizar un inventario al final del ejercicio económico para valorar las existencias finales y realizar los ajustes para que la contabilidad muestre los importes reales obtenidos.

Para su elaboración se siguen los siguientes pasos:

1. Hacer una lista con los distintos bienes, derechos y obligaciones que pertenezcan a la empresa, mediante la investigación y el análisis de la documentación existente, hablando y preguntando a las personas de los distintos departamentos, etc.
2. Realizado el recuento físico de los elementos patrimoniales de los que se disponga, se hará una valoración económica de ellos, con la idea de homogeneizarlos y poder presentarlos de una forma clara y fácilmente entendible, atribución de precios de adquisición o de costes de producción y determinación final de su valor.
3. Una vez valorados los elementos, se ordenan agrupándolos en masas patrimoniales, para conseguir una correcta presentación que permita ver fácilmente la situación patrimonial en la que se está.

Para realizar correctamente la fase número 2, se deben entender las normas de valoración que a este efecto establece el Plan General de Contabilidad.

 CONSEJO

En los casos en que se asigne llevar una contabilidad de una empresa que no es de nueva creación, es muy recomendable realizar un inventario para comprobar que los informes contables, de los que a partir de ese momento habrá que hacerse cargo, reflejan la realidad de la situación patrimonial de la empresa. Este sería un claro ejemplo de inventario extracontable, motivado por el cambio de la persona responsable de la contabilidad.

Un **modelo simple** de inventario puede ser el siguiente:

Inventario n.º 1 01-01-20XX		Lorenzo Zafra C/ Montes altos, 190 29000 Málaga
ACTIVO €		
CAJA		150,25
Dinero en efectivo	150,25	
BANCOS		601,01

Continúa en página siguiente >>

<< Viene de página anterior

B. Mediterráneo	90,15	
B. Andaluz	510,86	
CLIENTES		240,40
Raúl Molina	150,25	
Andrés Jiménez	90,15	
MERCADERÍAS		781,50
100 kg de queso	481,00	
50 kg de jamón	300,50	
MOBILIARIO		661,11
1 Mesa estándar	360,61	
5 Sillas R-25	300,50	
TOTAL ACTIVO		**2.434,27**
PASIVO €		
PROVEEDORES		631,06
Luís García	390,66	
Ignacio Ruiz	240,40	
TOTAL PASIVO		**631,06**
CAPITAL LÍQUIDO (Activo-Pasivo)		**1.803,21**

Certifico que, de acuerdo con los datos del inventario anterior, mi capital líquido asciende a MIL OCHOCIENTOS TRES CON VEINTIÚN EUROS.

El comerciante (firma)

 ## ACTIVIDAD COMPLEMENTARIA

8. El inventario inicial también puede estar recogido en el Balance de situación, siendo en este caso un Balance de situación inicial. ¿Qué modelos pueden ser útiles? Muestra alguno.

4. Asiento de apertura

 HILO CONDUCTOR

Con la información patrimonial obtenida en el inventario inicial, Laura registra el asiento de apertura de la contabilidad de la empresa. De esta forma, se inicia el ciclo contable de Muebles Matís. Antonio está siguiendo sus pasos para no perder el hilo del proceso, por si se da el caso de que deba ayudarla en algún momento.

Los ejercicios contables de las empresas son independientes, lo que significa que se debe abrir y cerrar su contabilidad cada ejercicio que, por lo general, se corresponde con un año natural.

El primer asiento que se anota en el Libro diario incluye el inventario con el que la empresa da comienzo o reanuda su actividad. Se trata del **asiento de apertura,** en el cual queda reflejada la situación contable de la empresa al inicio de cada ejercicio económico, incluyendo los bienes, derechos, obligaciones y fondos que la empresa tenía al cierre del ejercicio contable anterior. Cuando el asiento se corresponde con la reanudación de un nuevo ejercicio económico, se puede denominar también **asiento de reapertura.**

El asiento de apertura está formado por las **cuentas patrimoniales (de balance)** que tienen saldo al final del ejercicio anterior o como consecuencia del inventario inicial. Su contabilización es sencilla:

En el Debe
- Se registran las cuentas de Activo.

En el Haber
- Se registran las cuentas de Pasivo y Patrimonio neto.

 **NOTA**

El asiento de apertura debe estar cuadrado, lo que implica que la suma del Debe y la del Haber tienen que ser iguales.

 **APLICACIÓN PRÁCTICA**

Raquel va a contabilizar el asiento de apertura de la empresa Mora, S. L., pero hay algunas cuentas que no tiene claro si se deben incluir o no. ¿Qué cuentas de las siguientes debe incluir en al asiento de apertura de su empresa? Si lo necesitas, te puedes ayudar del cuadro de cuentas del PGC (Real Decreto 1514/2007).

a. **(600) Compras de mercaderías.**
b. **(430) Clientes.**
c. **(211) Construcciones.**
d. **(625) Primas de seguros.**
e. **(100) Capital.**
f. **(705) Prestaciones de servicios.**
g. **(410) Acreedores por prestaciones de servicios.**
h. **(752) Ingresos por arrendamientos.**

Solución

En el asiento de apertura se contabilizan todas las cuentas patrimoniales de Activo, Pasivo y Patrimonio neto. En este caso, en el Debe del asiento se incluyen las cuentas (430) Clientes y (211) Construcciones; y en el Haber, las cuentas (100) Capital y (410) Acreedores por prestaciones de servicios. El resto de cuentas no se incluyen en el asiento de apertura porque son cuentas de gastos e ingresos.

- -

👁 **EJEMPLO**

La empresa Gramosa, S. L., tiene el siguiente Balance a día 01/01/20X2:

ACTIVO		PASIVO Y PATRIMONIO NETO	
(430) Clientes	1.500	(100) Capital	3.000
(572) Bancos	6.400	(400) Proveedores	4.900
TOTAL	7.900	TOTAL	7.900

Continúa en página siguiente >>

<< Viene de página anterior

Atendiendo al Balance de situación de la empresa a principios del año, el asiento de apertura que se realizará el 1 de enero de 20X2 es el siguiente:

Cuenta	Descripción	Debe (EUR)	Haber (EUR)
430 Clientes	Asiento de apertura	1.500	
572 Bancos c/c	Asiento de apertura	6.400	
100 Capital	Asiento de apertura		3.000
400 Proveedores	Asiento de apertura		4.900

Lo habitual es que la contabilidad se gestione a través de una de las aplicaciones informáticas de contabilidad que existen en el mercado. Un ejemplo de cómo quedaría el registro del asiento de apertura es:

DIARIO	M	FECHA	ASI.	ORD.	CUENTA	CONCEPTO	DOCUM.	DEBE	HABER	P
1	E	01/01/21	1	1	100.0.0.00000	ASIENTO DE APERTURA		0,00	36.284,16	☑
1	E	01/01/21	1	2	218.0.0.00000	ASIENTO DE APERTURA		60.000,00	0,00	☐
1	E	01/01/21	1	3	281.0.0.00000	ASIENTO DE APERTURA		0,00	6.000,00	☑
1	E	01/01/21	1	4	400.0.0.00002	ASIENTO DE APERTURA		0,00	287,73	☑
1	E	01/01/21	1	5	400.0.0.00004	ASIENTO DE APERTURA		0,00	60.500,00	☑
1	E	01/01/21	1	6	400.0.0.00006	ASIENTO DE APERTURA		0,00	36.300,00	☑
1	E	01/01/21	1	7	400.0.0.00010	ASIENTO DE APERTURA		0,00	913,28	☑
1	E	01/01/21	1	8	430.0.0.00001	ASIENTO DE APERTURA		1.210,00	0,00	☑
1	E	01/01/21	1	9	430.0.0.00002	ASIENTO DE APERTURA		60.500,00	0,00	☑
1	E	01/01/21	1	10	430.0.0.00003	ASIENTO DE APERTURA		2.420,00	0,00	☑
1	E	01/01/21	1	11	430.0.0.00005	ASIENTO DE APERTURA		73,63	0,00	☑
1	E	01/01/21	1	12	430.0.0.00007	ASIENTO DE APERTURA		125,51	0,00	☑
1	E	01/01/21	1	13	430.0.0.00009	ASIENTO DE APERTURA		72.600,00	0,00	☑
1	E	01/01/21	1	14	475.0.0.00000	ASIENTO DE APERTURA		0,00	50,13	☑
1	E	01/01/21	1	15	475.1.0.00000	ASIENTO DE APERTURA		0,00	2.400,00	☑
1	E	01/01/21	1	16	476.0.0.00000	ASIENTO DE APERTURA		0,00	1.800,00	☑
1	E	01/01/21	1	17	570.0.0.00000	ASIENTO DE APERTURA		1.112,22	0,00	☑
1	E	01/01/21	1	18	572.0.0.00001	ASIENTO DE APERTURA		25.191,64	0,00	☑
1	E	01/01/21	1	19	572.0.0.00012	ASIENTO DE APERTURA		2.821,87	0,00	☑
1	E	01/01/21	1	20	129.0.0.00000	ASIENTO DE APERTURA		0,00	81.519,57	☐

 **TAREA 12**

Los datos económicos del ejercicio anterior de la empresa Anna son:

- Capital: 15.000 €.
- Vehículos: 12.000 €.
- Amot. acum. inmov. mat.: 9.300 €.
- Bancos c/c: 5.500 €.
- Maquinaria: 10.000 €.
- Proveedores: 6.000 €.
- Caja: 300 €.
- Clientes: 2.500 €.

Para comenzar un nuevo ciclo contable, Mafalda va a crear el asiento de apertura. ¿Cuál será el resultado?

5. Asientos de gestión

☞ HILO CONDUCTOR

A Laura le llegan a la oficina las facturas y la documentación relacionada con las ventas de productos terminados, compras de materias primas, suministros, pago de deudas, pago de salarios, liquidación de impuestos, etc. Todas estas operaciones deben ser registradas en la contabilidad, confeccionando los llamados asientos de gestión.

Uno de los objetivos de la contabilidad es representar la imagen fiel de la empresa y, para conseguirlo, todas las operaciones que se llevan a cabo deben estar correctamente registradas. De ahí radica la importancia de los **asientos de gestión u operativos,** que se definen como aquellos que **recogen las transacciones realizadas diariamente** en la empresa. Estos asientos se contabilizan en el Libro diario siguiendo la técnica de la partida doble.

 **RECUERDA**

La partida doble se basa en la idea de dividir el patrimonio de la empresa en grupos de elementos patrimoniales homogéneos (bienes, derechos y obligaciones, adscritos a Activo, Pasivo y Patrimonio neto) y que están representados a través de cuentas.

Lo común es que se realice un asiento por operación. Sin embargo, la ley permite agrupar las operaciones realizadas hasta un **máximo de un mes en un solo asiento,** siempre que el detalle de cada una de ellas se recoja en otro informe, como el Libro mayor.

Para conocer cómo se crean los asientos de gestión se muestra a continuación una aplicación práctica explicativa de cómo se contabilizan una serie de documentos mercantiles y financieros derivados de varias operaciones de la empresa ANSI, S. A.

 **APLICACIÓN PRÁCTICA**

Trabajas en el departamento de contabilidad de la empresa ANSI, S. A., que presta servicios de consultoría. Al llegar a tu puesto de trabajo, te encuentras con que te han dejado los siguientes documentos:

Documento 1	Documento 2

https://redirectoronline.com/adgd037po0602	*https://redirectoronline.com/adgd037po0603*

Continúa en página siguiente >>

<< Viene de página anterior

Documento 3	Documento 4

https://redirectoronline.com/adgd037po0604	*https://redirectoronline.com/adgd037po0605*

Para contabilizar estos documentos hay que interpretarlos

- **Documento 1: puede observarse que se trata de una factura de venta que se emite (en nombre de ANSI, S. A.) al cliente CREDOSE, S. L., por importe de 3.896,61 €, teniendo esta un vencimiento de dos meses.**
- **Documento 2: este documento representa una factura que emite la empresa LAPICERO, S. A., por lo que para ANSI supone una factura de compra, por importe de 235,83 €, que se debe pagar al contado.**
- **Documento 3: en este documento se puede observar cómo ANSI da una orden a un banco (BANCO AHORRO MÁXIMO) para que realice una operación, que es transferir un dinero a otra empresa (LAPICERO, S. A.). Se ve que es por el importe de la factura que esta empresa emitió a ANSI y para la cual requería pago al contado. Se trata de un pago que ANSI está realizando para saldar su deuda con el proveedor. Este documento se conoce como orden de transferencia.**
- **Documento 4: este documento es un pagaré, por el que se abonará a la empresa ANSI la cuantía de 3.896,61 € el día 15 de marzo de 20X2. Analizando la factura del documento 1, se ve que el importe es el mismo y que el vencimiento sería correcto, ya que la factura se emitió el 15/01/X2 y estipulaba como medio de pago 60 días f. f., que sería el 15/03/X2. Se trata, por lo tanto, de un documento de cobro que se está recibiendo.**

Realiza los asientos contables correspondientes y haz las anotaciones en el libro mayor.

Continúa en página siguiente >>

<< Viene de página anterior

Solución

Los asientos contables a realizar serían los siguientes:

Fecha	Cuenta	Descripción	Debe (€)	Haber (€)
15/01/X2	(700) Ventas mercaderías (477) H. P. IVA repercutido (430) Clientes	Ventas a Credose Fra. A-1121 Ventas a Credose Fra. A-1121 Ventas a Credose Fra. A-1121	3.896,61	3.220,34 676,27
06/02/X2	(600) Compras mercaderías (472) H. P. IVA soportado (400) Proveedores	Compras a Lapicero Fra. 153 Compras a Lapicero Fra. 153 Compras a Lapicero Fra. 153	194,90 40,93	235,83
10/02/X2	(400) Proveedores (572) Bancos	Pago Fra. 153 a Lapicero Pago Fra. 153 a Lapicero	235,83	235,83
15/03/X2	(572) Bancos (430) Clientes	Cobro Fra. A-1121 de Credose Cobro Fra. A-1121 de Credose	3.896,61	3.896,61

El Libro mayor recogería las siguientes anotaciones:

Debe	VENTAS	Haber
		3.896,61
		Saldo acreedor = 3.896,61

Debe	CLIENTES	Haber
3.896,61		3.896,61
Saldo = 0		

Debe	COMPRAS	Haber
235,83		
Saldo deudor = 235,83		

Continúa en página siguiente >>

<< Viene de página anterior

Debe	PROVEEDORES	Haber
235,83		235,83
Saldo = 0		

Debe	BANCOS	Haber
3.896,61		235,83
Saldo deudor = 3.660,78		

Debe	H. P. IVA SOPORTADO	Haber
40,93		
Saldo deudor = 40,93		

Debe	H. P. IVA REPERCUTIDO	Haber
		676,27
		Saldo acreedor = 676,27

Otro de los asientos de gestión que las empresas deben realizar es el correspondiente a la **liquidación del IVA,** que puede ser trimestral o anual dependiendo del tipo de empresa de que se trate. A la hora de realizar la liquidación del IVA, se comparan el IVA repercutido y el soportado del periodo correspondiente, de modo que:

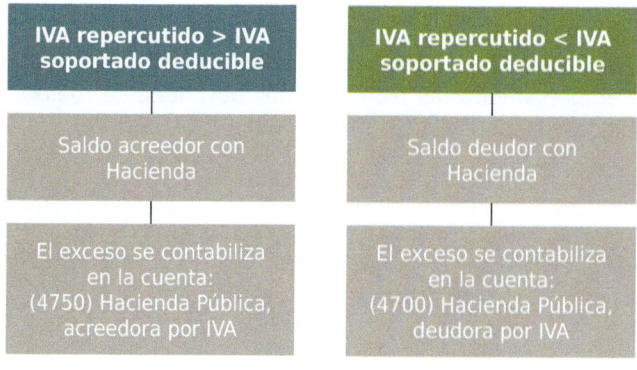

Contablemente, la liquidación del IVA consiste en saldar las cuentas (472) Hacienda Pública IVA soportado y (477) Hacienda Pública IVA repercutido, llevando la diferencia, según corresponda, a una de las cuentas anteriores que muestran la posición deudora o acreedora de la empresa con la Administración pública.

APLICACIÓN PRÁCTICA

Las operaciones que la empresa Gramosa ha realizado durante el año han sido las siguientes:

- El 16/01/X2 realiza ventas a crédito por importe de 8.000 €.
- El 01/02/X2 paga nóminas por importe de 3.500 €.
- El 31/03/X2 compra a crédito maquinaria por importe de 10.000 €. Se estima que su vida útil son 4 años, siendo su valor residual al final de estos insignificante.
- El 04/05/X2 cobra la deuda de sus clientes que arrastra del año anterior (según asiento de apertura 1.500 €) y el 90 % de las ventas realizadas el día 16/01.
- El 13/06/X2 realiza compras a crédito a sus proveedores por importe de 3.500 €.
- El 31/07/X2 contrata un seguro que tiene validez de un año y que paga al contado. Su coste es de 800 €.
- El 30/09/X2 se paga la totalidad de la deuda viva con los proveedores (según el asiento de apertura la deuda del año anterior asciende a 4.900 €).
- El 04/10/X2 se paga el 20 % de la maquinaria comprada el día 31/03.

Registra las operaciones anteriores en el libro diario.

Solución

En el Libro diario, se registran los asientos de las operaciones llevadas a cabo por la empresa. Para las transacciones descritas, se realizan las siguientes anotaciones:

Continúa en página siguiente >>

<< Viene de página anterior

Fecha	Cuenta	Descripción	Debe (€)	Haber (€)
16/01/X2	(700) Ventas mercaderías (477) H. P. IVA repercutido (430) Clientes	Ventas a crédito Ventas a crédito Ventas a crédito	9.680	8.000 1.680
01/02/X2	(640) Sueldos y salarios (572) Bancos	Pago nómina Pago nómina	3.500	3.500
31/03/X2	(213) Maquinaria (472) H. P. IVA soportado (523) Proveedores de inmovilizado a c/p	Compra maquinaria crédito Compra maquinaria crédito Compra maquinaria crédito	10.000 2.100	12.100
04/05/X2	(572) Bancos (430) Clientes	Cobro deudas Cobro deudas *(1.500 euros del año anterior + 8.712 euros que son el 90 % de los 9.680 del año en curso)*	10.212	10.212
13/06/X2	(600) Compras de mercaderías (477) H. P. IVA soportado (400) Proveedores	Compras a crédito Compras a crédito Compras a crédito	3.500 735	4.235
31/07/X2	(625) Primas de seguro (572) Bancos	Seguro anual Seguro anual *(Se contabiliza todo el seguro como gasto, pero como parte se devenga el periodo siguiente, se hará un posterior ajuste por periodificación)*	800	800
30/09/X2	(400) Proveedores (572) Bancos	Pago a proveedores Pago a proveedores *(Analizando el mayor, la deuda viva son 9.135 euros, 4.900 del año anterior y 4.235 de las compras del actual)*	9.135	9.135
04/10/X2	(523) Proveedores de inmovilizado a c/p (572) Bancos	Pago 20 % maquinaria Pago 20 % maquinaria *(20 % 12.100 euros = 2.420 euros)*	2.420	2.420
31/12/X2	(477) H. P. IVA repercutido (4700) H. P., deudora por IVA (472) H. P. IVA soportado	Liquidación IVA Liquidación IVA Liquidación IVA	1.680 1.155	2.835

Cuando se utiliza una aplicación informática, como *Contasol*, para crear los asientos de gestión en el diario, el aspecto que presenta es:

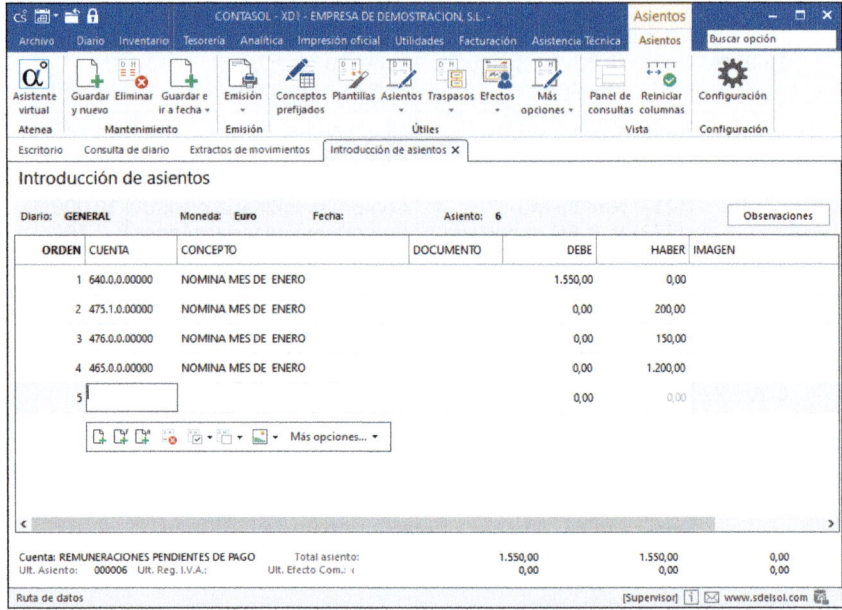

 TAREA 13

La empresa Cantón lleva a cabo en el mes de febrero las siguientes operaciones:

- Día 7: compra de mercaderías a R. Bolaños por 150,25 € a crédito (IVA no incluido), s/fra. n.º 502.
- Día 8: compra a Maquinsa mobiliario de oficina s/fra. 213, por importe de 240,40 € (IVA no incluido), pagando 60,10 € en efectivo y el resto se deja a deber a 5 meses.
- Día 10: vende mercaderías por valor de 1.081,82 € al contado (IVA no incluido).
- Día 12: ingresa 300,51 € en el Banco Central.
- Día 20: paga en efectivo el recibo de la luz que asciende a 18,03 € (IVA no incluido).
- Día 21: paga a la Hacienda Pública, en efectivo, 180,30 € correspondiente a la deuda pendiente.

Registra los asientos correspondientes a esas operaciones.

6. Balance de comprobación de sumas y saldos

☞ **HILO CONDUCTOR**

Una vez contabilizados todos los asientos, automáticamente la aplicación contable que utiliza Laura traslada estos registros a los libros mayores. Antonio le ha preguntado si está segura de que está todo bien contabilizado, y ella le informa que hay un estado contable que permite comprobar si todos los asientos están cuadrados: el Balance de comprobación de sumas y saldos.

El Balance de comprobación o de sumas y saldos es un **documento en el que se refleja, en un momento dado, la totalidad de las cuentas** (de Activo, Pasivo, gastos e ingresos) que una empresa tiene en su sistema contable, dando una idea del movimiento de la cuenta en el periodo de tiempo para el que se tome y su situación relativa en ese momento.

El Balance **se formula verticalmente,** en forma de **lista,** y aunque no haya un orden obligatorio a seguir, suele presentarse correlativamente según la numeración de las cuentas que propone el Plan General de Contabilidad.

BALANCE DE COMPROBACIÓN AL						
FOLIO	**CÓDIGO**	**CUENTAS**	**MOVIMIENTOS**		**SALDOS**	
			Debe	**Haber**	**Deudor**	**Acreedor**

SABÍAS QUE...

Aunque lo habitual sea que el Balance muestre únicamente las cuentas contables, también pueden encontrarse modelos que muestren subgrupos y grupos contables que sumen los importes de las cuentas contenidas en ellos.

El Balance de comprobación se elabora con los datos de las cuentas recogidas en el **Libro mayor.** Al incluirse en el Balance todas las cuentas, y debido al método de registro contable de partida doble, la diferencia entre la suma de todos los saldos deudores y de todos los acreedores tiene que dar siempre cero. De igual forma debe ocurrir con las sumas del Debe y del Haber.

Aunque los programas de contabilidad elaboran este Balance de forma automática, es adecuado conocer su proceso. Los pasos que se incluyen en él son:

1. En el modelo elegido, poner en forma de lista la totalidad de las cuentas usadas en la contabilidad, que serán aquellas que aparecen en el Libro mayor.
2. Tomar para cada una de las cuentas la suma de los movimientos que aparecen en su Debe y la suma de los movimientos de su Haber, situando estos importes en su columna correspondiente.
3. Hallar los saldos por la diferencia de estos importes, de la siguiente manera:

    a. Si los movimientos del Debe son mayores que los del Haber, el saldo será deudor por el importe (movimientos Debe – movimientos Haber).
    b. Si los movimientos del Haber son mayores que los del Debe, entonces se tendrá un saldo acreedor de importe (movimientos Haber – movimientos Debe).

4. Comprobar que el total de los movimientos del Debe es igual al de los movimientos del Haber y que la suma de los saldos deudores es igual al de los acreedores.
5. Si el resultado y, por lo tanto, el saldo tiene signo positivo, estará diciendo que es un saldo deudor. Si tiene signo negativo, se trata de un saldo acreedor.

NOTA

Estas simples reglas aritméticas hacen que el Balance de comprobación (o balance de sumas y saldos) se constituya como un importante instrumento de control, permitiendo rápidamente localizar si en algún asiento ha habido un descuadre (los importes de su Debe y de su Haber no eran iguales) o si alguna cuenta no se ha incluido en él, ya que en estos casos no se cumplirían las igualdades descritas.

ACTIVIDAD COMPLEMENTARIA

9. La empresa Petróleo quiere analizar la cuenta de bancos y proveedores de su Balance de comprobación. ¿A qué conclusiones va a llegar?

FOLIO	CÓDIGO	CUENTAS	MOVIMIENTOS		SALDOS	
			Debe	**Haber**	**Deudor**	**Acreedor**
2	570	Caja	36.000	13.500	22.500	
3	572	Bancos	5.000	500	4.500	
4	300	Mercaderías	9.000	14.000		5.000
5	430	Clientes	6.000	3.000	3.000	
6	216	Mobiliario	3.500		3.500	
7	400	Proveedores	2.000	4.000		2.000
8	41	Acreedores varios		13.500		13.500
9	100	Capital		15.000		15.000
11	60	Compras	2.000		2.000	
			63.500	63.500	35.500	35.500

BALANCE DE COMPROBACIÓN AL ....

APLICACIÓN PRÁCTICA

A partir de su Libro mayor, la empresa M va a elaborar el Balance de sumas y saldos correspondiente.

Debe	VENTAS	Haber
		2.500
		4.000
		2.300

Debe	CLIENTES	Haber
2.500		2.500
4.000		4.000
2.300		

Debe	COMPRAS	Haber
850		

Debe	PROVEEDORES	Haber
2.350		1.500
		850
		300

Debe	BANCOS	Haber
5.000		2.350
6.000		200
2.500		500
4.000		

Debe	CAPITAL	Haber
		6.000

Continúa en página siguiente >>

<< Viene de página anterior

Debe	UTENSILIOS	Haber
1.500 300		

Debe	DEUDAS ENTIDADES CRÉDITO	Haber
200 500		5.000

Solución

Para elaborar el Balance, en primer lugar, hay que obtener las sumas del Debe y del Haber de cada cuenta para, de esta forma, conocer su saldo. Estos cálculos se trasladan al modelo de Balance y se comprueba si las sumas del Debe y del Haber coinciden. De igual forma debe ocurrir con las sumas del saldo deudor y acreedor.

El Balance ya elaborado es:

	Movimientos		Saldo	
Cuenta	**Debe**	**Haber**	**Deudor**	**Acreedor**
Capital		6.000		6.000
Utensilios	1.800		1.800	
Clientes	8.800	6.500	2.300	
Proveedores	2.350	2.650		300
Deudas de crédito	700	5.000		4.300
Bancos	17.500	3.050	14.450	
Compras	850		850	
Ventas		8.800		8.800
TOTAL	32.000	32.000	19.400	19.400

Continúa en página siguiente >>

<< Viene de página anterior

Si se utiliza el modelo que recoge los saldos en una única columna, el resultado es:

| Cuenta | Movimientos | | Saldo |
	Debe	Haber	
Capital		6.000	-6.000
Utensilios	1.800		1.800
Clientes	8.800	6.500	2.300
Proveedores	2.350	2.650	-300
Deudas de crédito	700	5.000	-4.300
Bancos	17.500	3.050	14.450
Compras	850		850
Ventas		8.800	-8.800
TOTAL	32.000	32.000	

En este caso, se ve que los saldos deudores aparecen con signo positivo y los acreedores con signo negativo y que la suma de ambos, por lo tanto, es igual a cero.

- -

 TAREA 14

El libro mayor de la empresa Fuentes está formado por las siguientes cuentas contables:

Debe	100-Capital	Haber
		3.000
		3.000

Continúa en página siguiente >>

<< Viene de página anterior

Debe	400-Proveedores	Haber
4.200		4.900
		3.500
		4.200

Debe	430-Clientes	Haber
1.500		8.700
8.000		
800		

Debe	572-Bancos	Haber
		3.500
6.400		800
8.700		4.200
		2.000
4.600		

Debe	70-Ventas	Haber
		8.000
		8.000

Debe	640-Sueldos y Salarios	Haber
3.500		
3.500		

Debe	213-Maquinaria	Haber
10.000		
10.000		

Continúa en página siguiente >>

<< Viene de página anterior

Debe	523-Proveed. Inmov. c/p	Haber
2.000		10.000
		8.000

Debe	60-Compras	Haber
3.500		
3.500		

Debe	625-Primas seguro	Haber
800		466,66
333,34		

Debe	646-Recl. Personal	Haber
1.300		
1.300		

Debe	124-Provis. Respons.	Haber
		1.300
		1.300

Debe	480-Gastos anticipados	Haber
466,66		
466,66		

Debe	681-Amort. Inm. Mat	Haber
1.874,97		
1.874,97		

Continúa en página siguiente >>

<< Viene de página anterior

Debe	281-A. A. Inm. Mat	Haber
		1.847,97
		1.847,97

Si en la contabilidad de la empresa hay un descuadre en el Libro diario, elabora el estado contable que permite conocer dónde está el error. Explica qué ha pasado.

7. Operaciones de cierre de ejercicio

☞ HILO CONDUCTOR

Laura y Antonio van a finalizar el ciclo contable de la empresa Muebles Matís. Para ello, han de realizar una serie de ajustes contables relacionados con el inmovilizado y las provisiones dotadas; deben imputar los ingresos y gastos reales al ejercicio económico, y tienen que calcular el resultado obtenido. Por último, deberán elaborar las cuentas anuales y registrar el asiento que cierra la contabilidad del ejercicio económico.

Al cierre del ejercicio económico es necesario realizar una serie de operaciones que se corresponden con la **regularizacion contable.** Su finalidad es conocer el resultado que ha obtenido la empresa y preparar la información para las cuentas anuales. La regularización comprende:

- ➲ Ajustes contables (amortización y provisión)
- ➲ Periodificación contable
- ➲ Cálculo del resultado

Con la regularización contable no finaliza el proceso de cierre. A continuación, es necesario elaborar las **cuentas anuales** (Balance de situación, Cuenta de pérdidas y ganancias, Memoria, ECPN y EFE), además de registrar el **asiento de cierre.**

7.1. Amortización

La amortización es el proceso de distribución en el tiempo del coste de un inmovilizado. Esta es la que se conoce como **amortización contable, amortización económica** o **depreciación.** La amortización se basa en la idea de imputar a cada ejercicio económico la parte correspondiente y proporcional de gasto del inmovilizado en función de su depreciación (por el paso del tiempo, uso u obsolescencia), su vida útil u otro criterio financiero justificado.

Para entender los métodos de amortización, es necesario definir algunos conceptos:

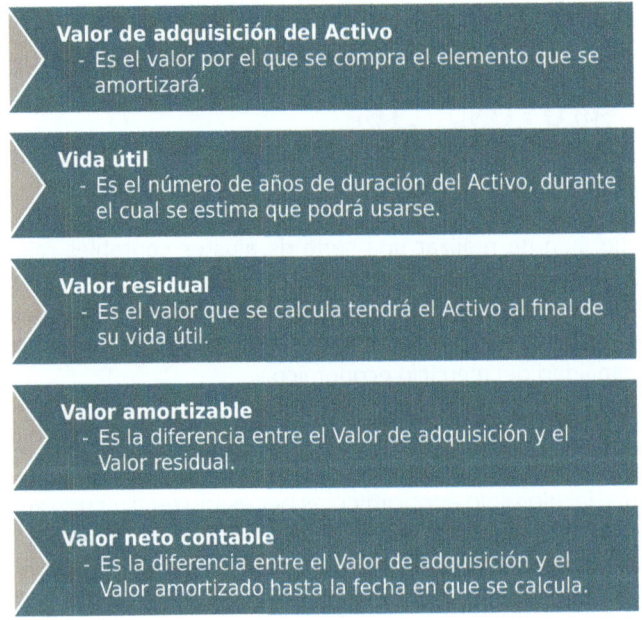

Valor de adquisición del Activo
- Es el valor por el que se compra el elemento que se amortizará.

Vida útil
- Es el número de años de duración del Activo, durante el cual se estima que podrá usarse.

Valor residual
- Es el valor que se calcula tendrá el Activo al final de su vida útil.

Valor amortizable
- Es la diferencia entre el Valor de adquisición y el Valor residual.

Valor neto contable
- Es la diferencia entre el Valor de adquisición y el Valor amortizado hasta la fecha en que se calcula.

Entre los métodos que se pueden utilizar en el proceso de amortización, el más común es el **método lineal o constante.** Con este método, la dotación a la amortización será igual para cada año.

Su fórmula es:

Cuota anual = Valor amortizable / Vida útil

Cuando se realice la compra de un inmovilizado que se pretende amortizar durante un periodo determinado de tiempo, no podrá contabilizarse contra una cuenta del grupo 6 (Compras y gastos), ya que esto haría que todo el coste se imputara al ejercicio en el que se compra.

En estos casos, el inmovilizado en cuestión se registrará en una cuenta del grupo 2 (Activo no corriente), reflejándose así en el Balance. Y a través de los **asientos de amortización,** se imputará en el ejercicio (mediante la cuenta del grupo 6) la parte proporcional del coste del inmovilizado que corresponda, llevándose este a la Cuenta de pérdidas y ganancias.

 **EJEMPLO**

Supóngase que se compra una maquinaria que va a valer durante 10 años para fabricar los productos que la empresa vende. La máquina ha costado 200.000 €. Sería ilógico que si se va a usar la máquina durante 10 años, todo su coste se imputara al ejercicio en el que se compra (el primero), ya que eso supondría soportar en ese primer ejercicio mucho más coste de lo que realmente corresponde, perjudicando los resultados. Si la máquina se va a usar durante 10 años, lo normal es aplicar un criterio que permita distribuir su coste en este tiempo.

Considerando que se va a "usar" la misma cantidad de máquina en cada uno de los años (amortización lineal), se imputaría a cada ejercicio la siguiente cantidad:

Coste anual = Coste total / Números años = 200.000 / 10 = 20.000 €/año

A la hora de comprar el bien, en el primer año, se realizaría el siguiente asiento (en este caso no se va a tener en cuenta el IVA):

Cuenta		Descripción	Debe (EUR)	Haber (EUR)
213	Maquinaria	Compra maquinaria	200.000	
523	Proveedores Inm. C/P	Compra maquinaria		200.000

Se observa que aquí se han usado únicamente cuentas de Balance, por lo que el resultado está intacto.

Continúa en página siguiente >>

<< Viene de página anterior

Al final de cada uno de los 10 años, se haría el siguiente asiento contable:

Cuenta	Descripción	Debe (EUR)	Haber (EUR)
681 Amort. inm.	Amortización maquinaria	20.000	
281 Amort. acumulada	Amortización maquinaria		20.000

Al final del primer año los saldos serían:

- Maquinaria: + 200.000 (saldo deudor), lo que indica, al estar en el Balance, en el Activo, que se tiene en posesión dicha maquinaria.
- Proveedores de inmovilizado a corto plazo: - 200.000 (saldo acreedor), reflejando la deuda que hay que pagar al proveedor por la compra de la maquinaria.
- Amortización inmovilizado material (681): + 20.000 (saldo deudor). Esta es una cuenta de gestión que va directamente a resultados, suponiendo un gasto (por la parte proporcional de consumo estimado de la maquinaria adquirida) que se lleva a resultados en ese periodo económico.
- Amortización acumulada inmov. material (281): - 20.000 (saldo acreedor). Esta es una cuenta de corrección valorativa del Activo en cuestión, de modo que debe considerarse junto a la cuenta del inmovilizado que se amortiza. En este caso, el valor neto del inmovilizado sería:
  Maquinaria - Amort. acumul. = 200.000 - 20.000 = 180.000 €

Si se hace el mismo asiento durante los 10 años, se verá que el saldo de la cuenta de amortización acumulada iguala al precio por el que se adquirió el bien, siendo así su valor neto en ese momento igual a cero. El bien estaría totalmente amortizado.

APLICACIÓN PRÁCTICA

La empresa Jota presenta esta información a su contable para que calcule la amortización de un bien comprado el 31 de marzo. La empresa aplica el método lineal de amortización.

- **Valor adquisición = 10.000 €.**
- **Valor residual = 0 €.**

Continúa en página siguiente >>

<< Viene de página anterior

- **Valor amortizable = Valor adquisición - Valor residual = 10.000 €.**
- **Vida útil = 4 años.**

¿Cuál es el importe de la cuota de amortización para el primer año?

Solución

Como la maquinaria se compra el 31 de marzo, en el ejercicio en curso habrá que imputar el coste por amortización para los meses que van desde abril a diciembre, es decir, 9 meses.

Para ello, se harán los siguientes cálculos:

- Cuota amortización mensual = 2.500 / 12 meses = 208,33 €/mes

Para los 9 meses, el coste por amortización será:

- Cuota amortización primer año = 208,33 × 9 = 1.874,97

7.2. Provisión

Siguiendo la necesidad de que los gastos e ingresos tengan una correlación a la hora de hallar el resultado del periodo, y en virtud del principio contable de prudencia y la idea de reflejar la imagen fiel del patrimonio de la empresa, deberán reconocerse los gastos tan pronto se tenga conocimiento de su existencia, aunque no se hayan realizado aún.

 **DEFINICIÓN**

Provisión
Instrumento con el que se registran en los estados contables situaciones futuras que, constituyendo auténticas obligaciones de pago, presentan un grado determinado de incertidumbre en cuanto al importe del desembolso que se exigirá o en el tiempo que queda hasta su vencimiento.

Para poder registrar una provisión, deben cumplirse las siguientes **circunstancias:**

⮕ Que exista una probabilidad alta de que el hecho ocurra.
⮕ Que este hecho genere una salida de recursos en el momento en que se produzca.
⮕ Que el importe de la salida de recursos sea estimable de forma fiable.

En términos contables, a realizar una provisión se le llama "dotar una provisión", y el uso de esta se conoce como "aplicar la provisión". Las provisiones se registran generalmente de la siguiente manera:

A la dotación de la provisión
- Cargo a una cuenta del subgrupo 69.
- Abono a una cuenta de provisiones (subgrupos 14 y cuentas 499 y 529).

Cuando se aplica la provisión
- Cargo de las cuentas de provisión (subgrupo 14 y cuentas 499 y 529).
- Abono generalmente al subgrupo 57 o la cuenta 795 cuando se produce un exceso de provisión (cuando el hecho que soporta la provisión acontece y el importe es menor que el estimado).

◉ **EJEMPLO**

Imagínese que una empresa ha sido demandada por no haber acabado bien un trabajo realizado en este ejercicio, solicitándole la empresa demandante 500.000 €.

La empresa demandada consulta con abogados y peritos y estima que, a consecuencia de la demanda interpuesta, tendrá que pagar 100.000 €.

El futuro pago, que se estima como cierto pero no se sabe cuándo se realizará (tendrá que celebrarse el juicio y que se dicte sentencia), al ser un hecho conocido a día de hoy y aunque aún no se haya producido la salida de los recursos de la empresa, genera la necesidad de dotar una provisión que recoja esta situación en los estados contables de la empresa, afectando concretamente la cuenta de resultados.

El término deterioro se suele confundir con el de provisión, de ahí que sea importante conocer en qué consiste. Las correcciones valorativas por deterioro se aplican a los elementos de Activo que sufren pérdidas de valor reversibles, minorando su valor.

 ACTIVIDAD COMPLEMENTARIA

10. El señor Ramírez, responsable de contabilidad de su empresa, tras elaborar y presentar las cuentas anuales, se da cuenta de que no se incluyó una provisión que, según las normas del PGC, debería haberse contabilizado en este ejercicio. ¿Qué consecuencias tiene sobre los resultados de su empresa ese despiste?

7.3. Periodificación contable

Las empresas están obligadas a dividir su vida en periodos contables, que, por regla general, coinciden con el año natural. A la hora de calcular el resultado de un ejercicio, se tendrán en cuenta los gastos y los ingresos que pertenecen a él y esto no siempre es fácil. Por ello surge el ajuste denominado **periodificación.**

 DEFINICIÓN

Periodificación contable
Consiste en la realización de los ajustes necesarios para conseguir una correcta imputación de gastos e ingresos, motivados por el desfase que pueda existir en la fecha de devengo de algunas operaciones y las fechas de cierre de las empresas.

Las cuentas que intervienen en la contabilización de la periodificación contable son **(480) Gastos anticipados** y **(481) Ingresos anticipados,** dependiendo de si la operación es una compra o venta. A través del siguiente ejemplo se explica su contabilización.

◉ EJEMPLO

La empresa contrata un seguro el 1 de octubre por importe de 900 €. ¿Cómo se reflejaría contablemente esta operación, de forma que se imputara correctamente el gasto que corresponde al ejercicio en curso?

Si el coste anual es 900 €, la parte proporcional para un mes seria 75 € (900 / 12 meses).

Desde el 1 de octubre al 31 de diciembre hay tres meses, por lo que en el ejercicio en curso deberá imputarse el coste correspondiente a este periodo de tiempo, es decir, el resto hasta los 900 € (675 €) deberá llevarse a resultados en el ejercicio siguiente.

3 meses × 75 €/mes = 225 €

Se contabilizaría entonces el siguiente asiento:

Fecha	Núm. cuenta	Nombre cuenta	Debe (EUR)	Haber (EUR)
01/10/XX	625	Primas de seguros	225	
	480	Gastos anticipados	675	
	410	Acreedores		900

Se ve que, para la parte de gasto que se quiere imputar en el siguiente ejercicio, se ha usado una cuenta de periodificación, la cuenta 480 de gastos anticipados, que, evidentemente, es una cuenta de balance y, por lo tanto, no afecta al resultado.

En el periodo siguiente, cuando se quiera imputar el gasto, se realizaría el siguiente asiento:

Fecha	Núm. cuenta	Nombre cuenta	Debe (EUR)	Haber (EUR)
01/10/XX + 1	625	Primas de seguros	675	
	480	Gastos anticipados		675

7.4. Regularización de ingresos y gastos. Cálculo del resultado

El proceso de **regularización de ingresos y gastos consiste en saldar las cuentas de ingresos y gastos,** utilizando como contrapartida (recuérdese que el método de partida doble exige siempre la existencia de esta) una cuenta de balance que recogerá el valor absoluto y neto de aquellas. El proceso de regularización es el siguiente:

1. Se saldan las cuentas de ingresos usando como contrapartida la cuenta de balance (129) Resultado del ejercicio. Como las cuentas de ingresos son de naturaleza acreedora (nacen y crecen por el Haber), para saldarlas habrá que cargarlas por el importe de su saldo, abonando la cuenta de resultado del ejercicio por el mismo importe.
2. Se saldan las cuentas de gastos, usando igualmente como contrapartida la cuenta (129) Resultado del ejercicio. Como las cuentas de gastos son de naturaleza deudora (nacen y crecen por el Debe), se saldan abonándolas por el mismo importe de su saldo, cargando la cuenta de resultado del ejercicio por el mismo valor.

Un saldo acreedor de la cuenta de resultado del ejercicio estará mostrando un resultado positivo por **beneficios** [Debe (gastos) < Haber (ingresos)], mientras que un saldo deudor estará informando de que la empresa está teniendo **pérdidas** [Debe (gastos) > Haber (ingresos)].

Un esquema gráfico de este proceso es:

Debe	Gastos	**Haber**
Adquisición de bienes y servicios por la realización de actividades productivas	Traslado a resultados de los gastos aplicados a las actividades	

Debe	Ingresos	**Haber**
Traslado a resultados del valor de los bienes y servicios entregados a los compradores	Entrega de bienes y servicios por la realización de actividades productivas	

Debe	Resultado	**Haber**
Gastos trasladados	Ingresos trasladados	

Las cuentas de ingresos y gastos se regularizan una vez al año, al final del ejercicio, quedando saldadas, lo que significa que cada principio de año el saldo de estas cuentas es cero.

 **EJEMPLO**

Las cuentas de ingresos y gastos del Libro mayor de la empresa Bienestar, S. C., son las siguientes:

Debe	VENTA MERCADERÍAS	Haber
		8.000
		9.500
		17.500
		Saldo acreedor

Debe	INGRESOS POR ARRENDAMIENTOS	Haber
		850
		850
		850
		2.550
		Saldo acreedor

Debe	COMPRAS MATERIAS PRIMAS	Haber
3.500		
2.500		
200		
2.000		
8.200		
Saldo deudor		

Continúa en página siguiente >>

<< *Viene de página anterior*

Debe	SUELDOS Y SALARIOS	Haber
4.500		
4.600		
9.100		
Saldo deudor		

Debe	GASTOS PUBLICIDAD	Haber
1.200		
900		
2.100		
Saldo deudor		

Lo primero en el proceso de regularización es identificar qué cuentas son de ingresos y cuáles de gastos. Las cuentas de ingresos son ventas e ingresos por arrendamientos, siendo de gastos las restantes.

Se procede a saldar las cuentas de ingresos y las de gastos, utilizando en el asiento como contrapartida la cuenta de resultado del ejercicio y anotando en su mayor las anotaciones pertinentes.

El proceso de regularización sería el siguiente:

Cuenta	Descripción	Debe (EUR)	Haber (EUR)
Ventas mercaderías	Regularización	17.500	
Ingresos arrendamientos	Regularización	2.550	
Compras materias primas	Regularización		8.200
Sueldos y salarios	Regularización		9.100
Gastos publicidad	Regularización		2.100
Resultado del ejercicio	Regularización		650

Continúa en página siguiente >>

<< Viene de página anterior

El libro mayor quedaría de la siguiente forma:

Debe	VENTA MERCADERÍAS	Haber
17.500		8.000 9.500
Cuenta saldada		

Debe	INGRESOS POR ARRENDAMIENTOS	Haber
2.550		850 850 850
Cuenta saldada		

Debe	COMPRAS MATERIAS PRIMAS	Haber
3.500 2.500 200 2.000		8.200
Cuenta saldada		

Debe	SUELDOS Y SALARIOS	Haber
4.500 4.600		9.100
Cuenta saldada		

Debe	GASTOS PUBLICIDAD	Haber
1.200 900		2.100
Cuenta saldada		

Continúa en página siguiente >>

<< Viene de página anterior

Debe	RESULTADO DEL EJERCICIO	Haber
19.400		20.050
		Saldo acreed. 650

Se observa que, tras el proceso de regularización, la Cuenta de pérdidas y ganancias presenta un saldo acreedor de 650 €, lo que indica que la empresa, para el momento en que ha realizado el mencionado proceso, tiene unos beneficios por ese importe.

 TAREA 15

El 31/07/X2 la empresa Malpensa contrata un seguro anual por 800 €. Al cierre del año X2, ¿qué ajuste debe realizar por haber contratado el seguro? Explícalo y crea su asiento.

7.5. Asiento de cierre

El asiento de cierre es aquel que se hace al **finalizar el ejercicio económico** y consiste en saldar y cerrar las cuentas del Balance que tengan saldo. De este modo, se abonarán las cuentas que tengan saldo deudor (por el mismo importe del saldo) y se cargarán las cuentas de saldo acreedor (por el mismo importe del saldo). Invirtiendo el sentido de los cargos y abonos realizados, se tendrá el asiento de apertura del siguiente ejercicio.

Tanto el asiento de cierre como el de apertura no recogen transacciones que se hayan realizado, sino que son asientos de carácter técnico de los que las empresas se valen para delimitar en sus libros y programas el comienzo y fin de sus periodos contables.

 **EJEMPLO**

Para cerrar la contabilidad del ejercicio 20X2, la empresa hace el siguiente asiento de cierre, saldando todas las cuentas del Libro mayor que presenten saldos distintos de cero.

Cuenta		Descripción	Debe (EUR)	Haber (EUR)
100	Capital	Asiento de cierre	3.000,00	
142	Provisión responsab.	Asiento de cierre	1.300,00	
213	Maquinaria	Asiento de cierre		10.000,00
281	Amort. acum. inm. mat	Asiento de cierre	1.874,97	
400	Proveedores	Asiento de cierre	4.200,00	
430	Clientes	Asiento de cierre		800,00
480	Gastos anticipados	Asiento de cierre		466,66
523	Prov. inm c/p	Asiento de cierre	8.000,00	
572	Bancos	Asiento de cierre		4.600,00
129	Resultado del ejercicio	Asiento de cierre		2.508,31

7.6. Cuentas anuales

Según el PGC, las cuentas anuales deben reflejar la imagen fiel de la empresa y están formadas por un conjunto de estados contables que **forman una unidad.**

Estos son:

- ➲ Balance de situación
- ➲ Cuenta de pérdidas y ganancias
- ➲ Memoria
- ➲ Estado de cambios en el patrimonio neto (ECPN)
- ➲ Estado de flujo de efectivo (EFE)

⊕ **PARA SABER MÁS**

Existen tres modelos de presentación de las cuentas anuales, dependiendo de la cifra total del Activo de la empresa, del importe neto de la cifra de negocio

Continúa en página siguiente >>

<< *Viene de página anterior*

y del número medio de trabajadores. Accede al siguiente enlace del Registro Mercantil para consultar los modelos de presentación de cada modalidad:

https://redirectoronline.com/adgd037po0601

El **Balance de situación** es uno de los estados contables que integran las cuentas anuales de la empresa, en el que se representa la situación patrimonial, económica y financiera en un momento dado, siguiendo unos determinados criterios de ordenación, organizados según las masas patrimoniales que se han estudiado:

- El Activo se ordena verticalmente, de menor a mayor liquidez, dividiéndose en Activo no corriente y Activo corriente, respectivamente.
- El Pasivo se ordena verticalmente de menor a mayor exigibilidad y se subdivide en créditos a largo plazo, créditos a corto plazo y acreedores y deudores, estando así en la parte superior los pasivos menos exigibles (pasivos no corrientes) y en la parte inferior los más exigibles (pasivos corrientes).
- El Patrimonio neto se ordena en tres apartados: Fondos propios, Ajustes por cambios de valor y Subvenciones, donaciones y legados recibidos.

El Balance de situación siempre **debe estar en equilibrio,** es decir, su Activo y su Pasivo y Patrimonio neto deben ser iguales en términos de valoración. A la hora de elaborar el Balance de situación, el Plan General de Contabilidad establece una serie de normas que se deben tener en cuenta y que se deben aplicar a los modelos disponibles en el Depósito de cuentas del Registro Mercantil.

 **EJEMPLO**

El patrimonio de una empresa está formado por los siguientes elementos:

Continúa en página siguiente >>

<< Viene de página anterior

- Un edificio valorado en 7.000 €.
- Un préstamo con el banco, que deberá empezar a pagar en dos años, por importe de 4.760 €.
- 60 € en la caja.
- Vehículos por importe de 2.000 €.
- 800 € en el banco.
- Aportaciones de los socios, 5.000 €.

Además, le deben sus clientes 900 €, mientras que tiene que pagar a sus proveedores 1.000 €.

El Balance de situación de la empresa, representando cada uno de sus bienes en sus correspondientes masas patrimoniales, y organizados según establecen las normas contables, es:

ACTIVO		PASIVO Y PATRIMONIO NETO	
Activo no corriente		**Patrimonio neto**	
Edificios	7.000	Capital	5.000
Vehículos	2.000		
Activo corriente		**Pasivo no corriente**	
Clientes	900	Deudas a entidades crédito	4.760
Bancos	800	**Pasivo corriente**	
Caja	60	Proveedores	1.000
TOTAL	**10.760**	**TOTAL**	**10.760**

La **Cuenta de pérdidas y ganancias** es la representación contable del resultado de la empresa, reflejando los gastos e ingresos incurridos durante el ejercicio económico, debidamente clasificados en función de su naturaleza.

Las principales **funciones** que realiza la Cuenta de pérdidas y ganancias son:

- Permite conocer el comportamiento de una empresa en sus aspectos productivos y comerciales.
- Establece el resultado obtenido en un periodo acabado.

- ➲ Sirve como base de análisis de costes, de modo que se podrá conocer si los precios de los productos son o no adecuados para la continuidad de la empresa.
- ➲ Sirve de base para la elaboración de presupuestos para los siguientes periodos.

A la hora de hallar el resultado de una empresa para un periodo, se deben considerar los ingresos realizados en ese periodo y los gastos necesarios para la obtención de estos, estableciendo de esta manera una correlación entre los ingresos y los gastos.

El Plan General de Contabilidad (PGC) establece cómo debe presentarse la Cuenta de pérdidas y ganancias en las cuentas anuales.

 **RECUERDA**

La Cuenta de pérdidas y ganancias es un estado contable de obligado cumplimiento, ya que es uno de los informes que constituyen las cuentas anuales de las empresas, libro obligatorio según la legislación.

La **Memoria** es un estado contable que completa, amplía y comenta la información contenida en el resto de documentos que integran las cuentas anuales. Se formula teniendo en cuenta los siguientes puntos:

> El modelo recoge la información mínima a cumplimentar, aunque si no es relevante no se cumplimenta.

> Se debe incluir cualquier otra información que sea necesaria para conocer la situación y actividad de la empresa en el ejercicio.

> La información cuantitativa requerida debe referirse al ejercicio al que corresponden las cuentas anuales, así como al ejercicio anterior del que se ofrece información comparativa.

> Lo establecido en la memoria en relación con las empresas asociadas debe entenderse también referido a las empresas multigrupo.

CONSEJO

La elaboración de la memoria no es una tarea compleja, pero se aconseja seguir las pautas dadas en el desarrollo que la norma legal hace de cada uno de sus apartados.

Aunque los estados contables que incluyen las cuentas anuales forman una unidad, el PGC establece que el **Estado de cambios en el patrimonio neto y el Estado de flujos de efectivo** no son obligatorios para las empresas que puedan formular el Balance y la Memoria abreviados:

- **Estado de cambios en el patrimonio neto:** es un estado contable en el que se reflejan los cambios que ha sufrido el patrimonio de la empresa durante un ejercicio, y las causas de los mismos.
- **Estado de flujos de efectivo:** es un estado contable que muestra las variaciones de efectivo que se han producido en la empresa, dando a conocer las fuentes de efectivo y su aplicación.

SABÍAS QUE...

El modelo abreviado de las cuentas anuales pueden formularlo las empresas que, durante dos ejercicios consecutivos, reúnan como mínimo dos de las siguientes circunstancias:

	Balance y memoria	Cuenta de pérdidas y ganancias
Total activo (€)	< 4.000.000	< 11.400.000
Importe neto cifra negocios (€)	< 8.000.000	< 22.800.000
N.º medio trabajadores	< 50	< 250

8. Resumen

El **ciclo contable** es el conjunto de procesos que la empresa debe realizar dentro de un ejercicio económico para conocer el resultado obtenido en el periodo y la situación patrimonial y económico-financiera al final del mismo. Está compuesto por **seis fases:**

➲ Inventario inicial y apertura de la contabilidad
➲ Registro de las operaciones en el Libro diario y en el Libro mayor
➲ Balance de comprobación
➲ Regularización contable
➲ Cierre de la contabilidad
➲ Elaboración de las cuentas anuales

Para conocer la situación neta de la empresa se realiza un análisis patrimonial tanto cualitativo (valoración física) como cuantitativo (valoración económica). De este análisis se obtiene el **inventario,** cuya elaboración consta de 3 pasos.

El **asiento de apertura** es el primer asiento que se anota en el Libro diario. Refleja la situación contable de la empresa al inicio de cada ejercicio económico y está formado por las cuentas patrimoniales con saldo al final del ejercicio anterior. Su contabilización es sencilla y se realiza en el Libro diario.

La contabilización de las operaciones que día a día realiza la empresa se hace a través de los **asientos de gestión u operativos.** El sistema que se utiliza para ello es el de la partida doble y se registran en el Libro diario. Uno de los asientos de gestión que debe realizar la empresa es la liquidación del IVA.

El **Balance de comprobación** o de sumas y saldos refleja en un momento dado la totalidad de las cuentas que una empresa tiene en su sistema contable. Es un instrumento de control, ya que detecta el descuadre de los asientos contabilizados en el diario. Su estructura es vertical, en forma de lista (con columnas para Debe, Haber, saldo deudor y saldo acreedor) y sigue la numeración de las cuentas del PGC. La información que contiene proviene del Libro mayor.

Las operaciones de **cierre del ejercicio** están formadas por los ajustes contables, la periodificación, la regularización de ingresos y gastos, el asiento de cierre y las cuentas anuales.

Los **ajustes contables** están relacionados con el proceso de **amortización** y **provisión.**

Amortización
- Imputa a cada ejercicio económico la parte correspondiente y proporcional de gasto del inmovilizado en función de su depreciación, su vida útil u otro criterio financiero justificado.
- Existen distintos métodos de amortización, aunque el más utilizado es el lineal. En sus cálculos se utilizan determinados valores (residual, de adquisición, amortizable, neto contable) además de la vida útil.
- En su contabilización se utilizan cuentas de los grupos 2 y 6.

Provisión
- Instrumento que registra en los estados contables situaciones futuras que representan obligaciones de pago, con un grado determinado de incertidumbre.
- Su registro depende del cumplimiento de tres circunstancias.
- En su contabilización se utilizan cuentas de los subgrupos 69, 14 y 57, además de las cuentas 499, 529 y 795.

El resto de operaciones del cierre contable son:

- **Periodificación contable:** consiste en la realización de los ajustes necesarios para conseguir una correcta imputación de gastos e ingresos, motivados por el desfase que pueda existir en la fecha de devengo de algunas operaciones y las fechas de cierre de las empresas. Su contabilización se realiza con la cuenta 480 para los gastos anticipados y con la cuenta 481 para los ingresos anticipados.
- **Regularización de ingresos y gastos:** consiste en saldar las cuentas de ingreso y gasto del periodo, utilizando como contrapartida una cuenta de Balance (129 Resultado del ejercicio). En el proceso, las cuentas de ingresos se saldan cargándolas por el importe de su saldo y abonando la cuenta de resultado del ejercicio por el mismo importe. Por otro lado, las cuentas de gastos se saldan abonándolas por el importe de su saldo, cargando la cuenta de resultado del ejercicio por el mismo valor. Con este proceso se obtiene el resultado del ejercicio (beneficio o pérdida).
- **Asiento de cierre:** consiste en saldar y cerrar las cuentas del Balance que tengan saldo, abonando las cuentas que tengan saldo deudor y cargando las cuentas de saldo acreedor. Invirtiendo el sentido de los cargos y abonos realizados, se tendrá el asiento de apertura del siguiente ejercicio.

➲ **Cuentas anuales:** están formadas por el Balance de situación (representa la situación patrimonial, económica y financiera), la Cuenta de pérdidas y ganancias (con la que se obtiene el resultado del ejercicio), la Memoria (incluye comentarios sobre la información del resto de estados contables), el Estado de cambios en el patrimonio neto (informa sobre cambios en el patrimonio y las causas) y el Estado de flujos de efectivo (informa sobre las variaciones de efectivo, sus fuentes y aplicaciones).

Ejercicios de autoevaluación
Unidad de Aprendizaje 6

1. Indica si las siguientes afirmaciones son verdaderas o falsas:

   a. El ciclo contable se inicia con el inventario inicial y finaliza con el asiento de cierre.

   ■ Verdadero
   ■ Falso

   b. Según el momento en el que se realice el inventario, este puede ser general o parcial.

   ■ Verdadero
   ■ Falso

2. El asiento de apertura está formado por cuentas...

   a. ... de gastos.
   b. ... de ingresos.
   c. ... patrimoniales
   d. ... del Balance.

3. En la liquidación del IVA, si el IVA repercutido es mayor que el IVA soportado deducible, ¿qué saldo tendrá la empresa con Hacienda?

   a. Saldo acreedor.
   b. Saldo cero.
   c. Saldo neutro.
   d. Saldo deudor.

4. ¿Cómo se denomina también al Balance de comprobación?

   a. Balance de situación.
   b. Balance de sumas y saldos.
   c. Balance de inventario inicial.
   d. Balance interno.

5. Indica si la siguiente afirmación es verdadera o falsa: "Para poder registrar una provisión, una de las circunstancias que se deben dar es que el hecho genere una entrada de recursos cuando se produzca".

   ■ Verdadero
   ■ Falso

6. En el cálculo de la amortización intervienen una serie de valores, ¿cuáles son?

   a. Valor residual.
   b. Valora neto contable.
   c. Valor amortizable.
   d. Todas las opciones son correctas.

7. Una vez realizada la regularización de ingresos y gastos, ¿qué saldo tendrán sus cuentas?

   a. Acreedor.
   b. Deudor.
   c. Cero.
   d. Acreedor o deudor, indistintamente.

8. Indica si las siguientes afirmaciones son verdaderas o falsas:

   a. La memoria es el estado contable que completa, amplía y comenta la información que contiene el resto de estados de las cuentas anuales.

      ■ Verdadero
      ■ Falso

   b. El ECPN y EFE no son obligatorios cuando la empresa pueda formular el Balance y la Memoria abreviados.

      ■ Verdadero
      ■ Falso

Los libros de contabilidad

Contenido

Objetivos

El objetivo general de esta Unidad de Aprendizaje es:

→ Comprender las características de los libros de contabilidad, tanto obligatorios como voluntarios.

Los objetivos específicos de esta Unidad de Aprendizaje son:

→ Dominar el concepto de libro contable distinguiendo entre los libros obligatorios y auxiliares.

→ Utilizar la información del Libro mayor en la toma de decisiones empresariales.

→ Describir los libros obligatorios según el Código de Comercio.

1. Introducción

A lo largo del ciclo contable son numerosas las transacciones que deben quedar reflejadas en contabilidad en un orden establecido, con claridad y atendiendo a las premisas que las normas contables y mercantiles recogen respecto a este proceso. En este punto, los libros contables juegan un papel importante, ya que son los instrumentos válidos para cumplir con dichas exigencias.

El sistema de partida doble, como ya vimos, es el método más habitual para el registro de las operaciones en contabilidad. Se sirve de las cuentas contables, que reflejan las variaciones de los elementos patrimoniales en un periodo determinado. Y de los libros contables, como soportes adecuados donde se recogen las cuentas utilizadas en la contabilidad. Se puede decir, por tanto, que los libros contables junto con las cuentas y el sistema de partida doble constituyen las herramientas necesarias para el sistema contable de registro.

Para conocer todo lo relacionado con los libros contables, nos basaremos en cómo Antonio atiende la petición que le ha formulado su asesor sobre estos libros.

2. Libros contables

 HILO CONDUCTOR

Antonio va a solicitar una subvención al final del ejercicio y su asesor le pide los libros contables para analizar su situación económica y financiera. Laura obtiene la información de la aplicación informática que utiliza y le facilita en primer lugar el Libro mayor, que, aunque es un libro auxiliar, es muy recomendable su utilización.

- -

Dentro de toda la documentación que la empresa usará en su actividad diaria, se encontrará que parte de ella tendrá un reflejo contable. Con ella, se busca la finalidad básica de la contabilidad de formalizar unos informes que resuman la situación económica y financiera de la empresa. Se está hablando de los **libros contables.**

Ejemplo de libro contable con anotaciones manuscritas (actualmente en desuso)

 **DEFINICIÓN**

Libros contables
Conjunto de registros que utiliza la contabilidad para llevar a cabo un tratamiento adecuado de la información.

 SABÍAS QUE...

Ya en el siglo I d. C. se menospreciaba a una persona que fuera incapaz de controlar contablemente su patrimonio, por lo que eran comúnmente usados los libros de ingresos y gastos (llamados *codees acceti et expensi).*

La normativa mercantil regula la obligatoriedad de llevar determinados libros contables, sin embargo existen otros de carácter complementario que también suelen ser utilizados por las empresas. Son los **libros auxiliares.** Estos son aquellos que, sin tener carácter obligatorio, la empresa decide elaborarlos para aclarar, detallar o complementar a los exigidos por la legislación vigente. No existe, por lo tanto, un listado cerrado de estos, pero sí se podrían mencionar algunos comúnmente utilizados en el mundo empresarial:

- Libro mayor
- Libro de caja

- Libro de clientes
- Libro de compras
- Libro de ventas

NOTA

Todo libro que no está considerado obligatorio por las disposiciones legales aplicables y que sirva para apoyar y/o complementar aquellos, formará parte de los libros auxiliares.

A continuación se va a desarrollar el Libro mayor por ser el libro auxiliar que más se utiliza en la empresa, dada su utilidad.

El **Libro mayor** es un libro no obligatorio, pero de uso generalizado en las empresas. De hecho, es casi imposible encontrarse con alguna compañía que no lo introduzca dentro de su sistema de información. En él se recogen, para cada cuenta, los registros de valores que se han introducido en la contabilidad a través de los asientos en el Libro diario.

La utilidad del Libro mayor es poder **conocer el comportamiento y los movimientos que ha tenido una cuenta** determinada durante un periodo de tiempo, sin necesidad de ir viéndolo en el Libro diario operación por operación y seleccionando aquellas en las que la cuenta que se quiere analizar ha intervenido.

Considerando la representación esquemática tradicional en forma de T de las cuentas, el Libro mayor presentaría el aspecto de la siguiente tabla:

Debe	Nombre de la cuenta	Haber	
0,00		0,00	← Anotaciones
0,00		0,00	← Sumas
	0,00		← Saldo acreedor o deudor

En la realidad, los programas informáticos no muestran el Libro mayor de esta manera, sino en un formato de lista que permite ver las operaciones que se han realizado con la cuenta sobre la que se pide información. Puede verse, por ejemplo, cómo mostraría un programa la cuenta bancos en el Libro mayor.

							[Supervisor] 01/12/20XX 17:43:31

EMPRESA DE DEMOSTRACION, S.L.
Libro Mayor (extractos de movimientos)   Pág. 1

Movimientos desde el día 01/01/20XX hasta el 31/12/20XX (Euro)

Cuenta: [572   BANCOS E INSTIT. DE CRÉDITO C/C VISTA, €]

Fecha	Día	Asto.	Ord	Concepto	Docum.	Debe	Haber	Saldo
572.0.0.00001 BANCO SANTANDER					Anterior:	0,00	0,00	0,00
01/01/XX	1	1	18	ASIENTO DE APERTURA		25.191,64		25.191,64
31/01/XX	1	7	2	PAGO NÓMINA DE ENERO			1.200,00	23.991,64
28/02/XX	1	10	2	PAGO NÓMINA DE FEBRERO			1.200,00	22.791,64
31/03/XX	1	17	1	COBRO FACTURA Nº. 000003		81,13		22.872,77
31/03/XX	1	19	2	PAGO NÓMINA DE MARZO			1.200,00	21.672,77
20/04/XX	1	33	1	COBRO FACTURA Nº. 000002		12,10		21.684,87
20/04/XX	1	35	1	COBRO FACTURA Nº. 000004		20,00		21.704,87
25/04/XX	1	41	1	COBRO FACTURA Nº. 000005		29,16		21.734,03
25/04/XX	1	44	1	COBRO FACTURA Nº. 000008		30,00		21.764,03
30/04/XX	1	49	2	PAGO NÓMINA DE ABRIL			1.200,00	20.564,03
31/05/XX	1	62	2	PAGO NÓMINA DE MAYO			1.200,00	19.364,03
06/06/XX	1	67	1	COBRO FACTURA Nº. 000007		178,93		19.542,96
06/06/XX	1	69	1	COBRO FACTURA Nº. 000012		45,41		19.588,37
18/06/XX	1	71	1	COBRO FACTURA Nº. 000006		217,70		19.806,07
30/06/XX	1	73	2	PAGO NÓMINA DE JUNIO			1.200,00	18.606,07
03/07/XX	1	76	1	PAGO FACTURA RECIBIDA Nº. 000005			491,32	18.114,75
20/07/XX	1	81	2	PAGO LIQUIDACIÓN IVA 2T			6.761,24	11.353,51
31/07/XX	1	88	2	PAGO NÓMINA DE JULIO			1.200,00	10.153,51
31/08/XX	1	94	2	PAGO NÓMINA DE AGOSTO			1.200,00	8.953,51
08/09/XX	1	99	1	COBRO FACTURA Nº. 000017		27,02		8.980,53
30/09/XX	1	104	2	PAGO NÓMINA DE SEPTIEMBRE			1.200,00	7.780,53
05/10/XX	1	106	1	COBRO FACTURA Nº. 000010		59,50		7.840,03
12/10/XX	1	110	1	COBRO FACTURA Nº. 000019		15,95		7.855,98
20/10/XX	1	114	2	PAGO LIQUIDACIÓN IVA 3T			3,11	7.852,87
31/10/XX	1	120	2	PAGO NÓMINA DE OCTUBRE			1.200,00	6.652,87
15/11/XX	1	123	1	COBRO FACTURA Nº. 000014		303,22		6.956,09
25/11/XX	1	126	1	COBRO FACTURA Nº. 000015		403,39		7.359,48
30/11/XX	1	130	2	PAGO NÓMINA DE NOVIEMBRE			1.200,00	6.159,48
21/12/XX	1	133	1	COBRO FACTURA Nº. 000022		40,21		6.199,69
31/12/XX	1	138	2	PAGO NÓMINA DE DICIEMBRE			1.200,00	4.999,69
					Total:	26.655,36	21.655,67	4.999,69
					Total de cuenta:	26.655,36	21.655,67	4.999,69

Ejemplo de Libro mayor obtenido por una aplicación informática

ACTIVIDAD COMPLEMENTARIA

11. Como director financiero de tu compañía y con el Libro mayor en tus manos, te preguntas si podrías pagar en este justo momento las deudas que tienes contraídas con tus proveedores. ¿Sería posible? Observa el Libro mayor.

Continúa en página siguiente >>

<< Viene de página anterior

Debe	BANCOS	Haber
		20.000
0		20.000

20.000

Debe	CAJA	Haber
100.000 20.000		15.000
120.000		15.000

105.000

Debe	CLIENTES	Haber
		100.000
0		100.000

100.000

Debe	PROVEEDORES	Haber
		15.000
0		15.000

15.000

Debe	COMPRAS	Haber
30.000		
30.000		0

30.000

Continúa en página siguiente >>

<< Viene de página anterior

Debe	VENTAS	Haber
		300.000
0		300.000
	300.000	

Debe	EFECTOS COM. A COBRAR	Haber
300.000		
300.000		0
	300.000	

 TAREA 16

Almudena, trabajadora de una asesoría contable, ha recibido un correo electrónico de un cliente. Le solicita información sobre los libros contables, ya que un banco se los ha pedido para analizar su situación. El cliente le pide que, además de enviarle los libros que necesita, le explique qué son estos documentos y sus modelos.

Define el concepto de libro contable con tus propias palabras y realiza un mapa conceptual con sus modelos.

---

3. Libros obligatorios según la legislación mercantil

 HILO CONDUCTOR

El asesor está muy interesado en uno de los libros contables que la normativa mercantil regula como obligatorio, el Libro de inventarios y cuentas anuales, ya que suministra información relevante de la empresa. Laura le facilita a Antonio, además de este, el resto de libros obligatorios, por si le son de utilidad.

La obligatoriedad de algunos de los libros contables viene definida por la necesidad de una contabilidad ordenada. A este respecto, el **Código de Comercio** establece, en su **art. 25.1,** que "Todo empresario deberá llevar una contabilidad ordenada, adecuada a la actividad de su empresa que permita un seguimiento cronológico de todas sus operaciones, así como la elaboración periódica de balances e inventarios. Llevará necesariamente, sin perjuicio de lo establecido en las leyes o disposiciones especiales, un libro de Inventarios y Cuentas anuales y otro Diario".

Aunque en el artículo se ve explícitamente la obligatoriedad de llevar determinados libros, no se puede pasar por alto la mención "Llevará necesariamente, sin perjuicio de lo establecido en las leyes o disposiciones especiales...", por lo que en cada caso particular se deben examinar las regulaciones mercantiles, contables y fiscales aplicables a cada empresa.

Los libros que el Código de Comercio regula como **obligatorios** son:

Libro de inventarios y cuentas anuales

Libro diario

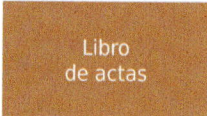

Libro de actas

 **RECUERDA**

Como complemento a estos libros obligatorios, la empresa utiliza los denominados libros auxiliares.

El **Libro de inventarios y cuentas anuales** es un grupo de informes contables que, en conjunto, forman una unidad en un mismo libro, aunque este puede ocupar varios tomos si fuese preciso. El contenido de cada parte es el siguiente:

- ⇒ **Libro de inventarios:** se abre con el Balance inicial detallado de la empresa y en él se deben transcribir, con una periodicidad cuando menos trimestral, los balances de comprobación o de sumas y saldos. Finalmente, se transcribirá el inventario de cierre del ejercicio, reflejando los saldos de cada una de las cuentas de la empresa.
- ⇒ **Cuentas anuales:** están formadas por el Balance de situación, la Cuenta de pérdidas y ganancias (PyG), el Estado de cambios en el patrimonio neto (ECPN), el Estado de flujos de efectivo (EFE) y la Memoria, y tienen la finalidad de mostrar la imagen fiel del patrimonio, de la situación financiera y de los resultados de la empresa.

 PARA SABER MÁS

El Código de Comercio establece en sus artículos 34 a 41 algunas características de las cuentas anuales, ya que su regulación se encuentra recogida en el Plan General de Contabilidad. Accede al siguiente enlace para ver la normativa mercantil:

https://redirectoronline.com/adgd037po0701

El **Libro diario** es un libro destinado a registrar de forma cronológica todas las operaciones relativas a la actividad de la empresa, y sus **características** son:

a. El registro de las operaciones puede ser diario o por periodos de tiempo no superiores al trimestre.

b. Su estructura está formada por la fecha de la transacción, el n.º de asiento, las cuentas implicadas (código y nombre), el importe de la operación (indicado en el Debe y Haber) y una descripción simple.

c. El registro de las operaciones se realiza a través de los asientos contables.

d. Está relacionado con el Libro mayor, ya que este contiene la información registrada en el Libro diario.

 SABÍAS QUE...

La anotación conjunta de las operaciones está supeditada a la condición de que su detalle aparezca en otros libros o registros, según la actividad de que se trate.

Como la contabilidad se gestiona a través de aplicaciones informáticas específicas, tales como *Contasol,* la apariencia del Libro diario es la que se muestra a continuación:

EMPRESA DE DEMOSTRACION, S.L.
Diario de movimientos oficial   Pág. 2

Movimientos desde el día 01/01/20XX hasta el 31/12/20XX (Euros)

Día:03/03/20XX

Fecha	Asto.	Ord	Día	Cuenta	Título	Concepto	Debe	Haber
03-Mar	12	2	1	430.0.0.00003	ROSA DOMINGUEZ RUEDA	COBRO FACTURA Nº. 000001		107,32
16-Mar	13	1	1	430.0.0.00009	FRANCISCO MORAL MIRAS	NTRA. FACTURAN°.000002	148,93	
16-Mar	13	2	1	477.0.0.00000	HACIENDA PÚBLICA, IVA RE PER	NTRA. FACTURAN°.000002		25,85
16-Mar	13	3	1	700.0.0.00000	VENTAS DE MERCADERÍAS	NTRA. FACTURAN°.000002		123,08
16-Mar	14	1	1	570.0.0.00000	CAJA, EUROS	COBRO FACTURA Nº. 000002	148,93	
16-Mar	14	2	1	430.0.0.00009	FRANCISCO MORAL MIRAS	COBRO FACTURA Nº. 000002		148,93
16-Mar	15	1	1	572.0.0.00012	BANCO DE ANDALUCIA	PAGO FACTURA RECIBIDA Nº. 0000		152,42
16-Mar	15	2	1	400.0.0.00002	SOLUCIONES INTEGRALES, S.L.	PAGO FACTURA RECIBIDA Nº. 0000	152,42	
31-Mar	16	1	1	430.0.0.00004	FERNANDO DE LA RIVA VIVORA	NTRA. FACTURAN°.000003	81,13	
31-Mar	16	2	1	477.0.0.00000	HACIENDA PÚBLICA, IVA RE PER	NTRA. FACTURAN°.000003		7,38
31-Mar	16	3	1	700.0.0.00000	VENTAS DE MERCADERÍAS	NTRA. FACTURAN°.000003		73,75
31-Mar	17	1	1	572.0.0.00001	BANCO SANTANDER	COBRO FACTURA Nº. 000003	81,13	
31-Mar	17	2	1	430.0.0.00004	FERNANDO DE LA RIVA VIVORA	COBRO FACTURA Nº. 000003		81,13
31-Mar	18	1	1	640.0.0.00000	SUELDOS Y SALARIOS	NOMINA MES DE MARZO	1.550,00	
31-Mar	18	2	1	475.1.0.00000	HACIENDA PÚBLICA, ACREEDOR	NOMINA MES DE MARZO		200,00
31-Mar	18	3	1	476.0.0.00000	ORGANISMOS DE LA SEG.SOCIA	NOMINA MES DE MARZO		150,00
31-Mar	18	4	1	465.0.0.00000	REMUNERACIONES PENDIENTE	NOMINA MES DE MARZO		1.200,00
31-Mar	19	1	1	465.0.0.00000	REMUNERACIONES PENDIENTE	PAGO NÓMINA DE MARZO	1.200,00	
31-Mar	19	2	1	572.0.0.00001	BANCO SANTANDER	PAGO NÓMINA DE MARZO		1.200,00
31-Mar	20	1	1	472.0.0.00000	HACIENDA PÚBLICA, IVA SOPOR	LIQUIDACIÓN IVA/IGIC 1º TRIMESTF		6.335,01
31-Mar	20	2	1	477.0.0.00000	HACIENDA PÚBLICA, IVA RE PER	LIQUIDACIÓN IVA/IGIC 1º TRIMESTF	667,36	
31-Mar	20	3	1	470.0.0.00000	HACIENDA PÚBLICA, DEUDORA	LIQUIDACIÓN IVA/IGIC 1º TRIMESTF	5.667,65	

Otro de los libros obligatorios recogidos en el Código de Comercio es el **Libro de actas.** Se define como aquel donde se transcriben las actas de la junta general de socios de una empresa y, en su caso, de las juntas especiales y el resto de órganos colegiados de la sociedad.

La información que, como mínimo, debe recoger el Libro de actas es la relacionada con los acuerdos adoptados por las juntas, concretando:

- Datos de la convocatoria
- Datos de la constitución del órgano
- Resumen de los asuntos que se han debatido
- Aquellas intervenciones de las que se haya solicitado constancia
- Los acuerdos a los que se han llegado
- Los resultados de las votaciones realizadas

IMPORTANTE

Este libro solo es obligatorio para las sociedades mercantiles.

APLICACIÓN PRÁCTICA

Bernabé está realizando el examen final de Contabilidad y una de las cuestiones planteadas es sobre las características de los libros contables. Explica las principales características de los siguientes libros:

a. Libro diario.
b. Libro de inventarios y cuentas anuales.
c. Libro mayor.
d. Libro de actas.

Solución

El Libro diario, como su propio nombre indica, es el que recoge día a día las transacciones realizadas en la empresa. El Libro de inventarios y cuentas anuales es aquel que está compuesto por el Libro de inventarios y por el Libro de las cuentas anuales, formando una sola unidad. El Libro de actas registra los

Continúa en página siguiente >>

<< Viene de página anterior

detalles de las juntas celebradas en las sociedades mercantiles. Estos tres libros tienen carácter obligatorio. El Libro mayor, que es considerado un libro auxiliar, permite conocer el movimiento y el comportamiento de las cuentas contables utilizadas en los asientos registrados en el Libro diario.

 TAREA 17

A Miguel le han encomendado la tarea de obtener los libros contables obligatorios del programa que utiliza la empresa. Sin embargo, no tiene claro cuáles de los que facilita la aplicación tienen este carácter. Enumera y define los libros contables obligatorios según la legislación actual.

---

4. Resumen

Con los libros contables se pretende conseguir el fin propio de la contabilidad, que es el de formalizar unos informes que resuman la situación económica y financiera de la empresa. La normativa recoge la obligatoriedad de elaborar determinados libros, aunque también existen otros de carácter **auxiliar,** que la empresa decide elaborarlos para complementar a los obligatorios. Entre ellos están el Libro de caja, el de clientes, el de compras y el de ventas.

Uno de los libros auxiliares más usados en contabilidad es el **Libro mayor,** a través del cual se conoce el comportamiento y los movimientos de las cuentas que han intervenido en la contabilidad. Su representación gráfica es en forma de T.

Según el Código de Comercio, los libros contables que tienen **carácter obligatorio** son:

El Libro de inventarios y cuentas anuales
- El Libro de inventarios refleja los saldos de cada una de las cuentas contables de la empresa.
- Las cuentas anuales muestran la imagen fiel, la situación financiera y los resultados obtenidos. Están formadas por el Balance de situación, la Cuenta de pérdidas y ganancias, el Estado de cambios en el patrimonio neto y el Estado de flujos de efectivo.

El Libro diario
- Registra de forma cronológica todas las operaciones relativas a la actividad de la empresa. El registro puede ser diario o por periodos no superiores al trimestre y se realiza mediante los asientos contables.
- Su estructura está formada por la fecha de la operación, el n.º de asiento, el nombre de la cuenta y su código, el importe y una breve descripción.
- Está relacionado con el Libro mayor.

El Libro de actas
- Es obligatorio solo para las sociedades mercantiles.
- Transcribe las actas de las juntas celebradas en las sociedades.
- Su contenido mínimo está formado por los datos de la convocatoria y de la constitución del órgano; el resumen de lo debatido; las intervenciones que deben quedar reflejadas; los acuerdos adoptados, y las votaciones realizadas.

Ejercicios de autoevaluación
Unidad de Aprendizaje 7

1. Indica si la siguiente afirmación es verdadera o falsa: "Con los libros contables se persigue formalizar los informes que muestran la situación económica y financiera de la empresa".

   ■ Verdadero
   ■ Falso

2. Los libros contables auxiliares son...

   a. ... obligatorios solo para las empresas no mercantiles.
   b. ... obligatorios.
   c. ... voluntarios.
   d. ... voluntarios solo para las empresas mercantiles.

3. ¿Cuáles de las siguientes opciones se corresponden con los libros contables auxiliares?

   a. Libro diario.
   b. Libro mayor.
   c. Libro de clientes.
   d. Libro de inventarios.

4. ¿Qué información suministra el Libro mayor? Selecciona todas las opciones correctas.

   a. El comportamiento de las cuentas que han intervenido en la contabilidad.
   b. El resultado obtenido en el ejercicio económico.
   c. La situación patrimonial de la empresa.
   d. Los movimientos de las cuentas contables.

5. Determina si la siguiente afirmación es verdadera o falsa: "Cuando el Libro mayor sigue la representación esquemática tradicional de las cuentas, se muestra en forma de T".

   ■ Verdadero
   ■ Falso

6. **¿Qué artículo del Código de Comercio establece la obligatoriedad de algunos libros contables?**

    a. Artículo 31.
    b. Artículo 25.1.
    c. Artículo 27.2.
    d. Artículo 30.

7. **Determina si las siguientes afirmaciones son verdaderas o falsas:**

    a. Las empresas deben elaborar solo los libros contables obligatorios, sin tener en cuenta las normativas específicas de carácter mercantil, contable o fiscal, que le sean de aplicación.

        ■ Verdadero
        ■ Falso

    b. Los libros contables obligatorios se utilizan como complemento a los libros contables auxiliares.

        ■ Verdadero
        ■ Falso

8. **¿Cuáles son los libros obligatorios según el Código de Comercio?**

    a. Libro mayor.
    b. Libro de actas.
    c. Libro diario.
    d. Libro de cuentas anuales.

9. **¿Cuál de los siguientes artículos del Código de Comercio trata las cuentas anuales?**

    a. Artículo 33.
    b. Artículo 44.
    c. Artículo 38.
    d. Artículo 42.

Glosario

Anotación
Acción de anotar (hacer apuntes en algún escrito, nota, etc.).

Conciso
Que es breve.

Consecutivo
Que sucede a otro sin interrupción.

Contrapartida
En contabilidad, apunte en el Debe que tiene su compensación en el Haber o viceversa.

Conversión
Cambio de valores.

Corporativo
Relativo a la corporación (empresa).

Cronológico
Perteneciente a la cronología (registros del tiempo en una serie).

Decremento
Efecto de disminuir.

Depreciación
Pérdida de valor de un bien por el desgaste con el paso del tiempo.

Descuadre
Desviación o diferencia entre cuentas contables.

Desfase
Desajuste entre dos procesos.

Desviación
Relativo a la dispersión de los datos.

Devengar
Adquirir el derecho a percibir un importe o retribución.

Donación
Entrega de forma voluntaria de algo en propiedad.

Equilibrio
Estado en el que se logra el Balance entre dos partes.

Exigibilidad
Mayor o menor plazo para atender una deuda.

Extracontable
Lo que no está registrado en los libros de contabilidad o se realiza fuera del ciclo normal contable.

Histórico
Comprobado, que ha ocurrido realmente.

Homogéneo
Conjunto formado por elementos iguales.

Imputar
En contabilidad, asignar una cantidad.

Incertidumbre
Falta de seguridad.

Incremento
Efecto de aumentar.

Indivisible
Que no se puede dividir.

Informativo
Que suministra información.

Inmerso
Que presta toda la atención a la actividad que realiza.

Inmovilizado
Activos de la empresa que se liquidan en un periodo superior al año.

Intangible
Que no es tangible (que se puede tocar).

Intuición
Resultado de intuir (percibir una idea como si fuera real).

Legado
Lo que se transmite por sucesión.

Liquidez
Facilidad para convertir los activos en dinero.

Macroeconómico
Relacionado con la macroeconomía (estudia el comportamiento global de la economía de un país).

Materialización
Acción de dar carácter material a algo.

Mercantil
Referente a los procesos que se realizan en el mercado.

Preciso
Que se puede percibir de forma clara.

Reanudar
Volver a comenzar.

Registro
Acción de registrar (anotar).

Relevante
Importante, significativo.

Simétrico
Relativo a la simetría (igualdad de las partes de un todo).

Socio
Figura que ha adquirido obligaciones y derechos de una sociedad.

Titularidad
Condición de titular de un bien tangible o intangible.

Transacción
Acuerdo comercial entre las partes.

Trimestral
Que se corresponde con un trimestre.

Unitario
Relativo a la unidad.

Vencimiento
Plazo para atender una deuda, una obligación, etc.

Veraz
Verdadero.

Bibliografía

Monografías

→ ABOLACIO Bosch, M. y JIMÉNEZ García, A.: *Plan General de Contabilidad.* Antequera: IC Editorial, 2025.

> Manual interesante que desarrolla los conceptos contables claves idóneos para la gestión administrativa en este ámbito.

→ JIMÉNEZ García, A.: *Introducción a la contabilidad.* Antequera: IC Editorial, 2022.

> Libro que explica los conceptos más básicos de la contabilidad.

Textos electrónicos, bases de datos y programas informáticos

→ Instituto de Contabilidad y Auditoría de Cuentas, de: <https://www.icac.gob.es/>.

> Página web nacional del Instituto de Contabilidad y Auditoría de Cuentas en la que se puede encontrar información muy diversa y relevante sobre las normas contables y de auditoría.

→ Registro Mercantil, de: <https://www.mjusticia.gob.es/es/ciudadania/registros/propiedad-mercantiles/registro-mercantil>.

> Página web del Registro Mercantil que pone a disposición de los/as empresarios/as el Depósito de cuentas anuales.

Legislación y normativa

→ Real Decreto 1514/2007, de 16 de noviembre, por el que se aprueba el Plan General de Contabilidad, de: <https://www.boe.es/buscar/act.php?id=BOE-A-2007-19884>.

> Normativa nacional que recoge el Plan General de Contabilidad de aplicación obligatoria para todas las empresas, con independencia de su forma jurídica, salvo aquellas que puedan aplicar el Plan General de Contabilidad de Pequeñas y Medianas Empresas.

→ Real Decreto 1515/2007, de 16 de noviembre, por el que se aprueba el Plan General de Contabilidad de Pequeñas y Medianas Empresas y los criterios contables específicos para microempresas, de: <https://www.boe.es/buscar/act.php?id=BOE-A-2007-19966>.

Normativa nacional que recoge el Plan General de Contabilidad de Pymes y microempresas de aplicación voluntaria a las organizaciones que cumplan los requisitos para ser consideradas como tales.

→ Real Decreto, de 22 de agosto de 1885, por el que se publica el Código de Comercio, de: <https://www.boe.es/buscar/act.php?id=BOE-A-1885-6627>.

Normativa nacional que tiene por objeto desarrollar las normas mercantiles de aplicación en nuestro país.